Giorgia Sala

Fede, religione e filosofia

Filosofia cristiana della religione e fede di donne ed uomini

GREGORIAN & BIBLICAL PRESS

Cover design: Serena Aureli
Stampa: marzo 2016
Scuola Tipografica S. Pio X - Roma

Gregorian & Biblical Press
Piazza della Pilotta, 35 - 00187 Roma, Italy
www.gbpress.net - books@biblicum.com

ISBN: 978-88-7839-**328**-8

a Mario

PREFAZIONE

Chi legge per la prima volta una ricerca di Giorgia Salatiello non può immaginare quale avventura filosofica, linguistica e religiosa si stia aprendo dinnanzi.

Il linguaggio e il pensiero, perché appare subito che non vi è scollamento fra i due, si possono assimilare al lavoro dello scalpello di uno scultore: niente di più e niente di meno che un colpo, preciso e secco, al marmo del pensiero e del pensatore.

Non esistono tregue o scorciatoie; il percorso è uno, diretto, consequenziale ed ineludibile.

Proprio grazie allo spogliamento di ogni artificio letterario o concrezione linguistica, tutto risulta nitido e, se si appartiene alla stessa *Weltanschauung*, condivisibile.

In questo lavoro, quanto or ora affermato, è ancora più distillato e raffinato.

Dovendo affrontare il passaggio di una palude del pensiero umano quale l'intreccio, l'incontro o lo scontro, o l'articolazione, *Fede, religione e filosofia*, come procedere?

Palude, perché secoli e secoli di pensiero, generazioni e generazioni di pensatori, si sono cimentati in questo attraversamento: chi è perito, chi ha fatto perire il lettore, chi ha lasciato la mente disorientata…

Ora, grazie all'indagine di Giorgia Salatiello, è possibile attraversarla, senza incorrere nel pericolo di affondare e di non riconoscersi con l'intento preciso di non inserirsi nella disputa secolare «bensì quella di svolgere un personale e coerente progetto che veda il carattere cristiano della filosofia scaturire dalla sua logica intrinseca» (p. 16).

Alla luce di un interrogativo che risulterà il basso continuo: «dobbiamo chiederci come e perché la rivelazione e la riflessione su di essa, chiamata teologia, diano *spontaneamente* luogo a una filosofia quale scienza autonoma fondamentale e quale condizione della possibilità della teologia» (p. 19)[1].

La preoccupazione non verte sulla distinzione metodologica e assolutamente pura della distinzione fra filosofia e teologia, in questa riflessione non è presente «alcuna concessione ad una indebita confusione tra le due discipline, ma, al contrario, il riconoscimento che esse, proprio perché distinte, sono, tuttavia, inscindibili ad un livello che, per la sua profondità, non richiede che di tale nesso vi sia sempre una consapevolezza esplicitamente tematizzata da parte di colui che si presenta come filosofo o come teologo» (p. 22).

La mappa che porta inciso in esergo un'affermazione del grande teologo gesuita di capitale importanza - «L'uomo filosofico nel suo pensiero sta sempre efficacemente sotto un apriori teologico, sotto la determinazione trascendente che lo orienta alla immediatezza di Dio» (p. 27)[2] - in queste pagine di raffinata cornice rahneriana è stata rigorosamente tracciata:

> - PARTE PRIMA: 1) Filosofia e teologia (corso fondamentale sulla fede; natura e grazia; essenza del rapporto; storia del rapporto; la filosofia nella teologia; filosofia della religione e teologia. 2) I due termini del rapporto (il

---

[1] Ibidem, p. 137.
[2] Ibidem, p. 97.

soggetto, Dio). 3) Il "luogo" (esperienza trascendentale e storia; rivelazione trascendentale e rivelazione storica; la storia delle religioni; Gesù Cristo: Dio nella storia; per concludere: il singolo e la rivelazione storica.

- PARTE SECONDA: 1) Ripensare la filosofia della religione (i presupposti del discorso filosofico; filosofia cristiana della religione e teologia filosofica; i nuclei della filosofia della religione; filosofia cristiana della religione e teologia. 2) Il cristianesimo e le religioni (filosofia della religione e filosofia cristiana della/e religione/i; filosofia cristiana e fenomenologia della religione; filosofia cristiana della religione e teologia delle religioni).

- Appendice: esperienza religiosa e indagine filosofica.

- PARTE TERZA: 1) Cristianesimo e differenza sessuale (filosofia cristiana della religione: particolare e universale; approccio cristiano alla differenza sessuale; universalità e particolarità dell'esperienza religiosa; l'esperienza religiosa delle donne. 2) La fede delle donne (la voce delle donne; la fede cristiana e le donne; per concludere: una parola di Rahner).

- SINTESI E PROSPETTIVE

La pensatrice sottolinea come, secondo K. Rahner, vi sia la possibilità

per svolgere un'altra ricerca, che non è la sua, ma che assume le sue tesi per sviluppare una riflessione autonoma incentrata su quella che può configurarsi, appunto, come una filosofia cristiana della religione, alla quale il testo di Rahner fornisce i presupposti ed il quadro concettuale di riferimento (p. 11).

A questo punto un breve lessico, iniziatico ma dedotto dalla ricerca stessa, può ritenersi utile:

IL PASSO INIZIALE: «per istituire tale filosofia cristiana della religione, è necessario muovere dalla teologia e, di conseguenza, il passo iniziale dovrà essere quello di riconsiderare il rapporto tra la filosofia della religione e la teologia» (p. 11).

LA FILOSOFIA DELLA RELIGIONE: «La filosofia della religione è anzitutto, nel suo significato etimologico, la determinazione filosofica di ciò che è e deve essere la religione e come interpretazione tematica del legame esistenziale dell'uomo con Dio, non deve conoscere solo Dio, ma anche l'uomo che a Lui deve collegarsi» (p. 12).

LA FILOSOFIA CRISTIANA: «trova il suo compimento in quella che può essere considerata come un'autolimitazione, poiché essa rinuncia ad essere la parola definitiva sull'essere umano che, invece, trova il senso ultimo della sua esistenza in quella rivelazione, di fatto avvenuta, che la teologia accoglie ed attesta» (p. 15).

L'AUTONOMIA DELLA FILOSOFIA: «il pregiudiziale riconoscimento dell'autonomia della filosofia che è, così, sottratta ad ogni ruolo puramente ancillare e subalterno, con conseguenze evidentemente di grande rilievo per la configurazione del rapporto tra le due discipline» (p. 20).

AUTOCOMPRENSIONE DEL SOGGETTO SPIRITUALE: «Proprio perché La filosofia costituisce l'autocomprensione del soggetto spirituale che nella sua libertà si trova di fronte al Dio che si rivela per amore e che può cogliere tale amore nella sua realtà proprio perché consapevole di se stesso, seppure in modo non sempre esplicito e tematizzato» (p. 25).

ESPERIENZA TRASCENDENTALE: «Questa con-conoscenza del soggetto conoscente, con-conoscenza soggettiva, atematica, presente in ogni atto di conoscenza spirituale, necessaria e ineliminabile, nonché la sua apertura alla sterminata ampiezza di tutta la realtà possibile, viene da noi denominata *esperienza trascendentale*» (p. 37).

TEOLOGIA FILOSOFICA: «chiamata a riflettere sulla coerenza e sull'incontraddittorietà tra i tratti dell'Assoluto ai quali essa autonomamente perviene e quelli rivelati da Dio stesso nella Sua Parola» (p. 84).

Giunta al traguardo della ricerca l'autrice rimane assolutamente aperta e quindi dimostra che il suo procedere non è stato apodittico ma propositivo razionalmente:

Tutto l'itinerario fin qui percorso ha consentito di far affiorare, con un'indagine filosofica, la realtà dell'esperienza religiosa nel suo sorgere dall'implicita esperienza di Dio, ma, al termine di questa breve sintesi, ci si deve chiedere se si sia raggiunta l'ultima profondità o se, al contrario, vi sia un nucleo non ancora esplorato, ma, nonostante ciò, assolutamente fondante ed essenziale (p. 117).

L'ultima parte è una voce di donna che raccoglie voci di donne e ne sostiene la capacità speculativa:

Una donna, quindi, restando pienamente femminile, può esprimersi con il rigore argomentativo che si è soliti riconoscere all'uomo (e la più recente storia della teologia lo dimostra), così come l'uomo, senza compromettere la sua mascolinità, è capace di giungere a quella massima profondità dell'esperienza cristiana che si è riconosciuta come femminile (p. 136).

Che cosa apprende la donna (ma anche l'uomo in reciprocità) da questo nitido attraversamento? Giorgia Salatiello lo esprime, una volta di più, con le parole di K. Rahner:

> Ella deve imparare che la fede di oggi deve essere una fede travagliata, una fede che va sempre continuamente conquistata e che tuttavia non contraddice alla sua vera natura e alla stabilità della fede. La donna deve imparare per sé e per coloro che le sono affidati che la fede non è un oggetto d'antiquariato folcloristico, tramandato come un'usanza borghese, per il quale l'animo e la volontà femminile per naturalezza hanno una affinità e propensione speciale, bensì che la fede è l'atto della decisione più originaria e sempre unica (p. 151).

Cristiana Dobner

INTRODUZIONE

Uditori della parola, testo in cui Rahner delinea la sua articolata trattazione di filosofia della religione, termina sottolineando l'esigenza di ripensare, «partendo dalla teologia e dalla sua autoconoscenza, ...al significato e alla struttura di una «filosofia cristiana della religione»[1].

In questa sintetica affermazione giunge a compimento tutto il percorso di *Uditori della parola*, mettendo in evidenza quello che ne costituisce la peculiarità, e, chiaramente, solo l'autore avrebbe potuto proseguire l'indagine che prefigurava.

Vi è, tuttavia, la possibilità di accogliere l'indicazione di Rahner per svolgere un'altra ricerca, che non è la sua, ma che assume le sue tesi per sviluppare una riflessione autonoma incentrata su quella che può configurarsi, appunto, come una filosofia cristiana della religione, alla quale il testo di Rahner fornisce i presupposti ed il quadro concettuale di riferimento.

La prima, basilare acquisizione è che, per istituire tale filosofia cristiana della religione, è necessario muovere dalla teologia e, di conseguenza, il passo iniziale dovrà essere quello di riconsiderare il rapporto tra la filosofia della religione e la teologia.

Preliminarmente, però, si impone una duplice esigenza che, da un lato, è quella di esaminare come Rah-

---

[1] RAHNER K., *Uditori della parola*, Torino 1988, p. 229.

ner definisca la filosofia della religione, mentre, dall'altro, richiede di approfondire ciò che egli propriamente intenda per filosofia cristiana.

Ovviamente, su questi due punti la ricerca potrebbe essere allargata al contributo di altri autori che li hanno sviluppati nel loro pensiero, ma non è questo l'obiettivo che qui si persegue, bensì quello di vedere se, muovendo da Rahner, sia possibile svolgere, appunto, una filosofia cristiana della religione, come è auspicato nella conclusione di *Uditori della parola*.

* * * * * *

«*La filosofia della religione*, secondo il concetto ovvio e comune della filosofia cattolica, è la conoscenza che *l'uomo* può raggiungere sul suo esatto rapporto con Dio, l'Assoluto»[2]: questa definizione, fornita da Rahner nel primo capitolo di *Uditori della parola* e sostanzialmente ripresa nella conclusione[3], costituisce, in un certo senso, un filo conduttore dell'intera opera, poiché, oltre a specificare cosa sia la filosofia della religione, la colloca in un preciso contesto di problematiche.

L'esame di tali problematiche non può essere intrapreso in questo momento introduttivo perché condurrebbe ad affrontare direttamente quello che è l'obiettivo di tutta questa trattazione, ma ora è, invece, utile soffermarsi sul quadro in cui è inserita la definizione riportata.

---

[2] Ibidem, p. 33.
[3] Ibidem, p. 218: «la filosofia della religione, come interpretazione tematica del legame esistenziale dell'uomo con Dio, non deve conoscere solo Dio, ma anche l'uomo che a lui deve collegarsi».

In una lunga nota presente nella stessa pagina del primo capitolo, in cui è esibita la suddetta definizione, Rahner, infatti, sottolinea che accanto ad essa che, come detto, è propria della filosofia cattolica, vi è un altro modo di intendere la disciplina «come riflessione filosofica sull'esistenza concreta delle diverse religioni, rilevata storicamente, psicologicamente e fenomenologicamente»[4].

È estremamente interessante osservare il rapporto che Rahner vede tra questi due modi di intendere la filosofia della religione, poiché se, da una parte, sottolinea che il secondo tipo di definizione corre il rischio di essere privo di una "norma concettuale" che la sorregga, d'altra parte, è consapevole che il primo è esposto al «pericolo di occultarsi l'orizzonte storico della sua sintesi metafisica»[5] e ciò, come emergerà in seguito, trasformerebbe quest'ultima in una vuota astrazione.

Prescindendo, per ora, dalla considerazione che l'analisi del rapporto tra l'uomo e Dio conduce alla duplice, centrale, questione dell'antropologia metafisica e della teologia naturale, si deve, invece, portare l'attenzione su di un'altra definizione che, presente nella conclusione, integra la precedente: «La filosofia della religione è anzitutto, nel suo significato etimologico, la determinazione filosofica di ciò che è e deve essere la religione»[6].

Anche qui vi è la chiara intenzione di collocare la disciplina su di un piano che trascende la rilevazione storica ed empirica dei dati concernenti le singole religioni, per attingere quella che è l'"essenza" della religione, come fatto universalmente umano, muovendo, cioè,

---

[4] Ibidem, p. 33, n. 4.
[5] Ibidem.
[6] Ibidem, p. 216.

dalla ricerca sulla struttura del soggetto, che implica sempre, come si vedrà, un'originaria apertura religiosa. Volendo, dunque, sintetizzare senza indebite anticipazioni, si può evidenziare che per Rahner la filosofia della religione è costitutivamente filosofia ed anzi, in quanto ricerca sull'essenza, è metafisica, che, però, non può in alcun modo prescindere dalla considerazione di quella dimensione storica che la natura umana contiene in sé[7].

* * * * * *

Sempre nel primo capitolo di *Uditori della parola*, Rahner pone la questione della filosofia cristiana in termini che consentono di far emergere con chiarezza la sua peculiare posizione al riguardo: «Il «carattere cristiano» di una filosofia deve manifestarsi anche nel fatto che essa, proprio in quanto autentica e «pura» filosofia, supera se stessa e pone l'uomo nell'atteggiamento di chi sta attento a una eventuale possibile rivelazione»[8].

In queste stesse pagine Rahner mostra di essere perfettamente a conoscenza del dibattito che negli anni trenta si era acceso intorno alla possibilità ed alla natura della filosofia cristiana[9], ma la sua intenzione non è quella di inserirsi in tale disputa, bensì quella di svolgere un personale e coerente progetto che veda il carattere cristiano della filosofia scaturire dalla sua logica intrinseca.

---

[7] Cfr.: MOLINARO A., *Metafisica e filosofia della religione*, in ID., *Frammenti di una metafisica*, Roma 2000, pp. 271-285.

[8] RAHNER K., *Uditori della parola*, cit., pp. 49-50.

[9] Cfr.: CAPELLE-DUMONT P., *Filosofia e teologia nel pensiero di Martin Heidegger*, Brescia 2011, pp. 37-46; AAVV, *Fare filosofia cristiana oggi*, numero monografico di *Per la filosofia. Filosofia e insegnamento*, 15(1989), pp. 1-83.

Anche nel caso della filosofia cristiana, come si è già sottolineato per la filosofia della religione, la sua esaustiva caratterizzazione potrà emergere solo al termine della ricerca e non introduttivamente, ma ora sono necessarie due puntualizzazioni che servano ad indirizzare il percorso dell'indagine.

A tal fine è opportuno riportare un altro passo dello stesso primo capitolo, che, di poco successivo al precedente, contribuisce a chiarire l'impostazione di Rahner: «solo quando si concepisce la filosofia anche come ontologia di una *potentia oboedientialis* rispetto alla rivelazione, si coglie insieme il suo carattere cristiano, cioè la sua vera autonomia e la sua relatività originaria alla teologia»[10].

In primo luogo, è di cruciale importanza il rapporto con la teologia che non può fungere da norma estrinseca, determinando il carattere cristiano della filosofia con ingiunzioni o divieti, poiché in tal caso non si avrebbe una filosofia intrinsecamente cristiana, ma solo un suo adattamento ad esigenze che non le sono proprie.

D'altra parte, però, e questo è il secondo punto da evidenziare, la filosofia è cristiana in quanto originariamente si rapporta, "superandosi", alla teologia alla quale offre, elaborata con gli strumenti ad essa peculiari, una visione del soggetto aperto all'eventualità di una rivelazione divina[11].

La filosofia cristiana, così, trova il suo compimento in quella che può essere considerata come un'autolimitazione, poiché essa rinuncia ad essere la parola defini-

---

[10] RAHNER K., *Uditori della parola*, cit., pp. 51-52.

[11] Ibidem, p. 223: «Costituendo essa l'uomo in quanto essere in ascolto di una possibile rivelazione di Dio, si supera sempre e in ogni caso nella teologia».

tiva sull'essere umano che, invece, trova il senso ultimo della sua esistenza in quella rivelazione, di fatto avvenuta, che la teologia accoglie ed attesta.

* * * * * *

Come risulta evidente da quanto premesso, l'attenzione a Karl Rahner costituirà la parte iniziale dell'intero studio, per cogliere la sua visione della religione, la possibilità di un pensiero filosofico su di essa ed, infine, la relazione inscindibile che sussiste tra il cristianesimo e la storia come luogo di un'eventuale rivelazione.

Successivamente, muovendo da queste acquisizioni, si tenterà di delineare la fisionomia di una filosofia cristiana della religione, ponendo la distinzione tra fondamento e presupposto dell'indagine filosofica, e si volgerà lo sguardo al rapporto tra il cristianesimo e le religioni, sottolineando la tensione tra particolare ed universale, che caratterizza la filosofia cristiana della religione.

Infine, assumendo questa stessa tensione, si cercherà di elaborare una riflessione di filosofia cristiana sulla differenza dell'esperienza religiosa in relazione all'appartenenza sessuale, giungendo ad individuare la peculiarità dell'esperienza delle donne ed ascoltando la loro stessa voce, per poi terminare tornando ad alcune cruciali affermazioni di Rahner sul tema.

PARTE PRIMA

CAPITOLO 1

FILOSOFIA E TEOLOGIA

L'attenzione posta introduttivamente sulla conclu-sione di *Uditori della parola* impone ora, secondo quanto già accennato, l'esigenza di considerare, come primo ed imprescindibile tema, il rapporto intercorrente tra la filosofia e la teologia, per procedere, subito dopo, ad esaminare quello tra la filosofia della religione e la teologia stessa.

Muovendo, quindi, dalla problematica più ampia e comprensiva, si deve, innanzi tutto, rilevare che Rahner dedica una significativa attenzione al rapporto tra le due discipline in questione, ponendo, in primo luogo, un in-terrogativo e collocando successivamente tale rapporto nel contesto di un altro che è teologicamente prioritario e ineludibile[12].

È opportuno riportare per esteso la formulazione del-l'interrogativo perché esso guiderà la ricerca non solo in queste prime pagine, ma lungo tutto lo svolgimento della presente indagine su filosofia e teologia: «dobbiamo chiederci come e perché la rivelazione e la riflessione su di essa, chiamata teologia, diano *spontaneamente* luogo a una filosofia quale scienza autonoma fondamentale e quale condizione della possibilità della teologia»[13].

---

[12] RAHNER K., *Filosofia e teologia*, in ID., "Nuovi saggi I", Roma 1968, pp. 137-152.
[13] Ibidem, p. 137.

La risposta alla domanda ora sollevata emergerà più avanti, ma già qui è possibile individuare tre elementi cruciali dell'intera impostazione che, e questo è il primo elemento, affronta la questione, analogamente a quanto si è visto in *Uditori della parola,* a partire dalla teologia e dalla comprensione che essa ha di se stessa.

In secondo luogo, si trova in queste parole il pregiudiziale riconoscimento dell'autonomia della filosofia che è, così, sottratta ad ogni ruolo puramente ancillare e subalterno, con conseguenze evidentemente di grande rilievo per la configurazione del rapporto tra le due discipline.

Infine, ponendo la filosofia come condizione di possibilità della teologia, si prospetta l'esigenza di tutto uno svolgimento che apre nuove piste di approfondimento riguardo ad un rapporto che si rivela intrinsecamente costitutivo e non semplicemente secondario od accessorio.

Tale rapporto, però, come si è già accennato, non è un'entità isolata e a sé stante, ma, interrogandosi su di esso, si è ricondotti «nell'ambito della più vasta problematica teologica relativa al rapporto fra natura e grazia»[14], spostando il centro dell'attenzione da un'indagine che avrebbe potuto essere puramente epistemologica, riguardante cioè lo statuto di due discipline, ad una cruciale questione teologica ed, insieme, antropologica.

Emerge qui la più peculiare caratteristica della posizione di Rahner sul rapporto tra filosofia e teologia, poiché nei passi considerati è contenuta *in nuce* tutta l'ulteriore trattazione che manifesta l'intenzione di articolare e chiarire dei punti fermi che non saranno più posti in discussione, ma che dovranno essere sviluppati nelle loro implicazioni.

---

[14] Ibidem, p. 139.

Corso fondamentale sulla fede

Prima di riprendere i cruciali nodi concettuali ai quali si è fatto riferimento e considerare i luoghi nei quali essi sono approfonditi e sviluppati, risulta, però, utile volgere l'attenzione a due dense pagine iniziali di *Corso fondamentale sulla fede*[15], nelle quali essi pervengono ad una sintesi che ne evidenzia tutta la rilevanza per il tema che si sta svolgendo e nelle quali Rahner sottolinea che «già in questa prima sezione ci troviamo di fronte a un caratteristico intreccio di filosofia e di teologia»[16].

Questo intreccio emerge quando si cerca di fornire risposta al quesito su chi sia l'ascoltatore al quale il cristianesimo propone il suo annuncio, ovvero sul tipo di presupposti che devono essere dati affinché l'essere umano possa udirlo.

L'annuncio, nella forma della riflessione su di esso, è precisamente la teologia, mentre, d'altra parte, i presupposti non sono altro che la comprensione che l'essere umano ha di se stesso, cioè la filosofia come antropologia.

Da un lato, dunque, la teologia presuppone sempre una filosofia perché colui che ascolta il messaggio cristiano è un soggetto che, più o meno tematicamente, ha già elaborato una propria autocomprensione.

Questa autocomprensione, tuttavia, è intrinsecamente storica perché tale è colui al quale appartiene e, di conseguenza, per lo meno nel nostro contesto, non può mai prescindere da quello che la teologia storicamente ha detto e dice.

---

[15] RAHNER K., *Corso fondamentale sulla fede. Introduzione al concetto di cristianesimo*, Cinisello Balsamo (Mi) 1990, pp. 45-47.
[16] Ibidem, p. 46.

D'altro lato, però, ciò che la teologia prospetta è anch'esso una visione dell'essere umano e, dunque, l'antropologia non è incontrata solo dalla parte dell'ascoltatore, ma è intrinseca alla teologia medesima.

Diventa qui evidente perché Rahner parli di intreccio e non semplicemente di rapporto: ciascuna delle due discipline, infatti, pur conservando la sua autonomia ed una precisa fisionomia, è, in realtà, già implicata nell'altra dal momento che la filosofia nasce e si sviluppa in un contesto segnato dalla teologia, mentre quest'ultima offre una riflessione, a partire dal messaggio cristiano, che è un'antropologia filosoficamente strutturata[17].

In tal modo, risulta pienamente comprensibile anche un'affermazione che, a prima vista potrebbe apparire sorprendente in considerazione del carattere rigoroso dell'intera riflessione di Rahner: «non dobbiamo preoccuparci di distinguere metodologicamente nella maniera più pura possibile tra filosofia e teologia»[18].

Non vi è qui, infatti, alcuna concessione ad una indebita confusione tra le due discipline, ma, al contrario, il riconoscimento che esse, proprio perché distinte, sono, tuttavia, inscindibili ad un livello che, per la sua profondità, non richiede che di tale nesso vi sia sempre una consapevolezza esplicitamente tematizzata da parte di colui che si presenta come filosofo o come teologo.

Muovendo, così, da queste pagine di *Corso fondamentale sulla fede*, emerge con ancor maggiore chia-

---

[17] Ibidem, pp. 46-47: «La stessa teologia implica dunque un'antropologia filosofica, che fa sì che questo messaggio sorretto dalla grazia possa essere elaborato in maniera genuinamente filosofica e lo affida alla responsabilità propria dell'uomo».

[18] Ibidem, p. 46.

rezza il percorso che dovrà essere effettuato attraverso i precedenti scritti nei quali Rahner affronta la questione del rapporto tra filosofia e teologia, poiché se ne dovrà individuare l'essenza, lo svolgimento storico ed, infine, la peculiare configurazione che assume quando la filosofia è utilizzata all'interno della stessa teologia.

Tuttavia, senza ovviamente pretendere di approfondire quello che è uno dei centrali temi di tutta la teologia, e di quella di Rahner in particolare, preliminarmente ci si dovrà volgere al più vasto rapporto tra natura e grazia, all'interno del quale, come si è accennato, si istituisce quello tra filosofia e teologia.

Natura e grazia

«Nella maniera e nel senso in cui la realtà concreta della grazia racchiude in sé la natura come momento *intrinseco*, così succede anche qui: la filosofia è un momento intrinseco alla teologia»[19] e, conseguentemente, il primo dei due rapporti è il fondamento e l'ambito del secondo che da quello riceve la sua consistenza ed il suo significato.

Bisogna qui subito rilevare che qualsiasi riflessione sulla grazia deve necessariamente iniziare da Dio che, essendo amore infinito e volendo diffondere tale amore, crea l'essere personale spirituale come destinatario della sua autocomunicazione[20].

---

[19] RAHNER K., *Filosofia e teologia*, cit., pp. 139-140. Cfr.: ID., *Sul rapporto odierno tra filosofia e teologia*, in ID., «Nuovi saggi» V, 1975, pp. 95-118.

[20] RAHNER K., *Corso fondamentale sulla fede*, cit., p. 171: «L'essere spirituale dell'uomo già in partenza è posto creativamente da Dio perché Dio vuole comunicare se stesso: la creatività efficiente di Dio si mette in moto perché Dio intende donare se stesso per amore».

D'altra parte, la comunicazione che Dio fa di se stesso, rivolta a tutti indistintamente, è e rimane un dono assolutamente libero e gratuito che la creatura non può in alcun modo esigere.

Ciò implica che l'essere finito, sebbene nella sua concretezza esistenziale non sia mai privo dell'offerta della grazia divina, debba essere pensabile anche senza di essa, poiché questa non entra a costituirne la natura, nel qual caso gli sarebbe dovuta, ma lo pone in quell'ordine soprannaturale che è quello in cui, storicamente e di fatto, egli vive.

Emergono, così, le peculiari caratteristiche del rapporto che unisce natura e grazia, che, in primo luogo, sono radicalmente distinte, come lo sono la creazione e la redenzione.

Proprio come queste ultime, però, ed in seconda istanza, esse non esistono mai isolate e come la creazione è finalizzata alla redenzione, così la natura, nella sua reale autonomia, è finalizzata alla grazia di cui costituisce, come si legge nella citazione iniziale, un "momento intrinseco".

Distinzione, autonomia e reciproco orientamento nel porre in esistenza la creatura spirituale sono, in tal modo, i tratti del rapporto tra natura e grazia ed essi, se l'argomentazione da cui è partita la riflessione è valida, dovranno essere ritrovati in quello tra filosofia e teologia, che sarà necessario indagare, come già detto, sia sotto il profilo della sua struttura essenziale, che sotto quello della sua fattuale storicità.

Essenza del rapporto

«Cercheremo perciò di chiarire l'unità e la differenza esistenti tra filosofia e teologia, e di chiarirle nel loro senso originario a partire dalla teologia stessa»[21]: come già in *Uditori della parola*, riguardo alla necessità di una filosofia cristiana della religione, anche in questo contesto Rahner ritiene che tutta l'argomentazione debba muovere dalle esigenze intrinseche alla teologia, e, dunque, alla rivelazione, che è sempre rivelazione di quell'amore che è Dio medesimo.

Nella pagina da cui è tratta la precedente citazione si trova un'affermazione cruciale che, mentre riconduce tutta la questione a quella sinteticamente richiamata del rapporto tra natura e grazia, apre agli ulteriori sviluppi, l'obiettivo dei quali è proprio quello di fornirne giustificazione.

La filosofia, infatti, è presentata come condizione della possibilità della teologia, ma precisamente con una condizione che non sopravviene dall'esterno, bensì come un'entità autonoma che la stessa teologia pone nel suo sorgere, come prerequisito di quest'ultimo.

«La rivelazione quindi presuppone a se stessa, come spazio della sua possibilità, la filosofia libera e distinta, perché soltanto a chi comprende se stesso e che dispone di sé in maniera autonoma, l'autoapertura di Dio nella rivelazione personale può apparire come atto del libero amore»[22].

La filosofia, cioè, costituisce l'autocomprensione del soggetto spirituale che nella sua libertà si trova di fronte al Dio che si rivela per amore e che può cogliere tale amore nella sua realtà proprio perché consapevole di se stesso, seppure in modo non sempre esplicito e tematizzato.

Diviene qui pienamente evidente perché il rapporto tra filosofia e teologia sia impostato a partire da quello

---

[21] RAHNER K., *Filosofia e teologia*, cit. p. 138.
[22] Ibidem, p. 144.

tra natura e grazia, dal momento che, dal punto di vista dell'essenza, non si tratta di due rapporti differenti, sia di quell'unico che, legando il destinatario dell'autocomunicazione divina a Dio stesso, gli consente di riflettere su di essa e di fare così teologia.

Il rapporto tra filosofia e teologia che così si va delineando consente anche di non cadere in alcuna delle due visioni contrapposte che risultano assolutamente inadeguate a rendere ragione della relazione tra le due discipline.

Da un lato, infatti, se la filosofia conservasse il suo ruolo di condizione di possibilità, ma non si riconoscesse la sua origine da un'esigenza interna alla teologia medesima, quest'ultima sarebbe posta in una situazione di dipendenza lesiva della sua dignità e, soprattutto, di quella della rivelazione.

Dall'altro lato, invece, filosofia e teologia si configurerebbero come radicalmente estranee ed eterogenee ed un rapporto che si volesse instaurare in un momento successivo non riuscirebbe a creare alcun legame essenziale.

Solo l'autonomia della filosofia, al contrario, permette che essa possa assolvere alla sua funzione di condizione di possibilità, posta dalla teologia stessa che necessita di tale entità autonoma proprio per configurarsi come riflessione su quel dono libero e gratuito che è la rivelazione[23].

In questa prospettiva, prescindendo per ora da considerazioni di natura temporale, si deve, però, rilevare subito che esiste «una conoscenza che è anteriore come

---

[23] Ibidem, p. 143: «L'indispensabile *ancilla theologiae* può essere tale soltanto se in se stessa è contemporaneamente *domina*, e la prima non è una professione accessoria della seconda, ma, anzi, questo dominio è abilitato e orientato soltanto al servizio della teologia».

elemento universale a una esperienza storicamente regionale della rivelazione»[24].

La teologia, infatti, si struttura nel momento in cui il soggetto credente riflette sulla rivelazione accolta nella fede, ma tale soggetto è appunto colui che si rivolge alla parola di Dio in quanto è già "filosofo", cioè consapevole di sé ed impegnato, con intensità e profondità variabili, a rendere ragione di questa sua consapevolezza[25].

Ovviamente, l'universale presenza della grazia che permea l'essere spirituale, e quindi anche la filosofia che egli elabora, rende il rapporto tra filosofia e teologia ancora più stretto e radicato in quella che di fatto è l'umana realtà che è sempre esistenzialmente costituita dal naturale e dal soprannaturale: «L'uomo filosofico nel suo pensiero sta sempre efficacemente sotto un apriori teologico, sotto la determinazione trascendente che lo orienta alla immediatezza di Dio»[26].

Storia del rapporto

Le riflessioni fin qui svolte sull'essenza del rapporto tra filosofia e teologia, non possono, tuttavia, prescindere da un'ulteriore articolazione che le inserisca nella prospettiva di quella storicità che per l'essere umano è intrinsecamente costitutiva.

Riguardo a quanto è finora emerso, infatti, la considerazione della storia rivela qualcosa che apparente-

---

[24] RAHNER K., *Sul rapporto odierno tra filosofia e teologia*, cit., p. 105.

[25] Ibidem, pp. 115-116: «La teologia, quale tentativo per comprendere riflessamente e criticamente la rivelazione della Chiesa, possiede quindi come suo intrinseco momento e non solo come premessa estrinseca l'autocomprensione profana dell'uomo».

[26] Ibidem, p. 97.

mente può apparire contraddittorio, poiché, di fatto, il messaggio della rivelazione, presupposto della teologia, si inserisce in un contesto storico nel quale già esiste la filosofia che si è sviluppata senza di esso.

Cronologicamente, cioè, la filosofia è anteriore rispetto alla teologia, ma ciò non invalida tutte le precedenti affermazioni poiché «Il rapporto essenziale può sussistere anche se *nel tempo* la filosofia precede la rivelazione»[27].

Questo è vero perché tanto la filosofia che la teologia, in base a quello che è già stato individuato, hanno la loro comune origine nell'universale volontà salvifica di Dio, e, pertanto, non vi è alcuna contraddizione ad ammettere che la realtà cronologicamente anteriore, la filosofia appunto, sia posta in quanto ordinata a costituire quel soggetto consapevole di sé, che può udire ed accogliere la rivelazione[28].

Tale storicità, che non contraddice il rapporto essenziale tra filosofia e teologia, ma anzi ne rappresenta la concretizzazione, tuttavia, non è esclusiva del momento in cui la teologia nasce sul fondamento della rivelazione, ma caratterizza tale rapporto intrinsecamente ed esso possiede una propria storia che, come tutto ciò che è storico, è aperta al nascere di sempre nuove configurazioni capaci di interagire secondo modalità non prevedibili o predeterminate[29].

---

[27] Rahner K., *Filosofia e teologia*, cit., p. 145.

[28] Ibidem: «La successione cronologica infatti è proprio la guisa in cui questo rapporto essenziale si manifesta storicamente».

[29] Rahner K., *Sul rapporto odierno tra filosofia e teologia*, cit., p. 107: «è chiaro che il rapporto tra teologia e filosofia presenta una storia genuina, capace di portare *inaspettatamente* sempre qualcosa di nuovo: la storia di due realtà e la storia del loro rapporto reciproco».

La filosofia nella teologia

Prima di passare ad esaminare la figura del rapporto che si istituisce tra la filosofia e la teologia quando la prima delle due è la filosofia della religione, è opportuno aprire una breve parentesi e considerare la peculiare situazione che si determina per il fatto che «*all'interno* della teologia è necessario "philosophari"»[30].

La filosofia e la teologia, cioè, non si rapportano l'una all'altra solamente come due entità che, pur essendo intrinsecamente connesse, come si è visto, sono, tuttavia, distinte, ma il procedimento proprio della filosofia entra costitutivamente a strutturare la riflessione teologia con conseguenze di primaria rilevanza per quest'ultima.

Tale inserzione della filosofia nella teologia pone in primo piano la dimensione della storia, poiché «Nella teologia si procede filosoficamente nella misura in cui l'uomo confronta il messaggio della fede con la sua concezione dell'esistenza e del mondo»[31] ed è subito evidente che questa concezione, che è appunto la filosofia, è storicamente condizionata e conosce dei profondi mutamenti.

Innanzitutto, si deve subito rilevare che il contesto odierno, in occidente, è profondamente diverso da quello del passato, poiché oggi la teologia deve riconoscere l'esistenza di un ampio pluralismo di filosofie, spesso tra loro inconciliabile, e ciò comporta che, conseguentemente, a seconda della filosofia che il pensiero teologico assume, anche quest'ultimo sia contraddistinto da una condizione di pluralità di distinte teorie teologiche.

---

[30] RAHNER K., *Filosofia e procedimento filosofico in teologia*, in ID. «Nuovi saggi III» 1969, pp. 73-97, p. 75.
[31] Ibidem, p. 80.

D'altra parte, le differenti concezioni del soggetto e del mondo non sono attualmente elaborate solo in sede filosofica, ma anche nell'ambito delle scienze empiriche, umane e naturali, e la teologia, se non vuole perdere il contatto con la realtà e intende pronunciare parole significative per l'esistenza personale, deve tenerne conto già al suo interno, poiché l'instaurazione di un dialogo solo secondariamente successivo risulterebbe puramente estrinseco e, pertanto, sostanzialmente irrilevante.

Filosofia della religione e teologia

L'esame effettuato circa il rapporto tra la filosofia e la teologia consente ora di procedere ad analizzare la relazione peculiare che sussiste quando la prima delle due discipline è la filosofia della religione. Tale questione è affrontata da Rahner come avvio dell'intera ricerca di *Uditori della parola*, allo scopo di pervenire a comprendere «Che cosa s'intenda per «filosofia della religione» e quale sia il nostro obiettivo nell'intraprendere il tentativo di determinare i suoi "fondamenti"»[32], chiarendo, però, immediatamente che non si tratta solo di un "problema teoretico-scientifico", ma di un «problema esistenziale dell'uomo che indaga»[33].

In tal modo, il piano della riflessione, sia riguardo allo statuto della filosofia della religione, sia relativamente al suo rapporto con la teologia, non è più quello puramente epistemologico sulla natura di una scienza, ma diviene quello della messa in discussione del sog-

---

[32] Rahner K., *Uditori della parola*, cit., p. 29.
[33] Ibidem.

getto che di essa si occupa, per giungere ad individuare le condizioni di possibilità di questa sua attività[34].

Considerando, quindi, il rapporto tra la filosofia della religione e la teologia, la prima precisazione che si rende necessaria è che esso, se deve esistere, non può essere accidentale e secondario rispetto alla loro costituzione, ma deve direttamente scaturire dal principio che le fonda come scienze e «Perciò il *rapporto* tra due scienze è una questione *metafisica*»[35].

Ciò significa che tale principio che consente a ciascuna scienza di sussistere e di svilupparsi è quello stesso che le pone originariamente in relazione e che, pertanto, non può da esse derivare, mentre, al contrario, «ogni problema teoretico-scientifico si riduce a quello dell'unica scienza umana, la metafisica»[36].

La questione del rapporto tra le due scienze in esame si configura, così, come la questione del rapporto di ognuna con la metafisica che, come si è accennato, si interroga anche e primariamente sul soggetto che pone la domanda metafisica cercandone un'adeguata risposta: «Bisogna cercare l'unico principio metafisico, che per primo le costituisce, e cogliere il loro mutuo rapporto reciproco in riferimento alla loro comune radice»[37].

---

[34] Ibidem, p. 32: «Un problema teoretico-scientifico riguarda sempre anche la natura specifica della scienza come attività *umana*».

[35] Ibidem, p. 31.

[36] Ibidem. Cfr., ibidem, p. 32: «Il problema teoretico-scientifico del rapporto tra due scienze è in definitiva quello metafisico dell'unico principio originario, che determina in partenza il loro oggetto formale e la loro necessità ponendole così in un certo rapporto».

[37] Ibidem, p. 38.

Considerando primariamente la filosofia della religione, emerge che, nei confronti della metafisica, più che di un legame, è necessario parlare di una coincidenza e ciò sotto un duplice aspetto.

Da una parte, infatti, la filosofia della religione, in quanto deve riferirsi a Dio, ne assume la conoscenza della teologia naturale che, però, è «un momento interiore della ontologia generale, della metafisica»[38].

D'altra parte, poi, l'accesso alla metafisica si dischiude solo se il soggetto è pervenuto a cogliere non più soltanto un qualsiasi ente, ma quell'ente che, per la sua apertura, rivela analogicamente l'essere nella sua purezza, ovvero lo spirito, e questo è possibile solo tracciando le linee di un'antropologia metafisica: «L'uomo deve aver percepito se stesso come spirito, per poter costruire l'ontologia»[39].

In tal modo, la filosofia della religione si configura come necessariamente implicante un'antropologia metafisica che sia capace di mostrare che il soggetto, nella sua essenza, è un ente spirituale, per la ragione ora evidenziata, e storico, perché solo in questo caso una rivelazione di Dio nella storia, che è quella da cui nasce la teologia, potrebbe risultare per lui significativa[40].

Il rapporto della teologia con la metafisica, invece, si presenta con caratteri radicalmente differenti, perché la teologia ha il suo unico, necessario fondamento nella parola di Dio che si rivela e non può dipendere da

---

[38] Ibidem, p. 218.
[39] Ibidem.
[40] Ibidem, p. 42. In questa pagina cruciale è sintetizzata tutta l'antropologia metafisica che è sottesa a *Uditori della parola*.

quell'umana riflessione che è, appunto, il pensiero metafisico.

Nonostante ciò, tuttavia, «L'ascolto di una effettiva rivelazione suppone, infatti, una certa costituzione essenziale dell'uomo»[41] e, poiché tale costituzione è quella che è mostrata dall'antropologia metafisica in precedenza richiamata, per questa via si delinea un rapporto che lega inscindibilmente la teologia, in quanto teologia fondamentale, alla filosofia della religione.

La filosofia della religione, cioè, non fonda la teologia, ma ne costituisce, però, l'ineliminabile presupposto poiché, in quanto antropologia metafisica, fa emergere l'esistenza di un soggetto, spirituale e storico, capace di accogliere la rivelazione di Dio e, in questo senso, essa «sarà sempre un'antropologia teologica fondamentale, la cui ultima parola è la tematizzazione dell'imperativo di ascoltare la parola di Dio»[42].

L'antropologia metafisica, che, come si è visto, istituisce il movimento dell'intera metafisica, è, così, quel principio unitario che si cercava per stabilire tra la filosofia della religione e la teologia un rapporto intrinsecamente costitutivo, tale da salvaguardare, nello stesso tempo, sia la loro autonomia e la loro distinzione, sia il loro reciproco e imprescindibile orientamento.

Naturalmente, poi, questi risultati, conseguiti mediante un'indagine filosofica, dovrebbero essere integrati dal riferimento alla grazia, come umana elevazione soprannaturale, che rende il soggetto "di fatto" capace di ascoltare la parola di Dio, ma ciò esula dai limiti di

---

[41] Ibidem, p. 215.
[42] Ibidem, p. 219.

questa prioritaria indagine sul rapporto tra le due discipline in questione[43].

* * * * * *

La compiuta articolazione del rapporto che Rahner vede sussistere tra la filosofia e la teologia, ed in particolare di quello che con quest'ultima ha la filosofia della religione, potrà emergere con tutta evidenza solo mediante i successivi passaggi, ma l'indagine che fino a qui si è svolta riveste un non trascurabile significato.

Essa, infatti, ha sgombrato il campo dagli equivoci che possono sorgere sia dalla confusione delle due discipline, distinte per il metodo, ma, soprattutto, per il fondamento, sia dalla loro irriducibile contrapposizione, non conciliabile con l'illimitata apertura del soggetto, che non può trovare soddisfazione in risposte che siano esclusivamente una sua elaborazione concettuale.

La ricerca può ora svilupparsi ripercorrendo i temi essenziali di una filosofia della religione, che, pur con l'attenzione ad un pieno rigore filosofico, sappia e voglia accogliere ciò che ad essa proviene dal suo collocarsi in un orizzonte cristiano di comprensione.

---

[43] Ibidem, p. 222: «Del resto anche il mistero dell'autocostituzione di chi è in ascolto, che *si verifica* in effetti come atto libero dell'uomo, nonostante la sua autonomia resta sotto l'influenza della grazia libera di Dio».

CAPITOLO 2

I DUE TERMINI DEL RAPPORTO

Nell'introduzione della ricerca si è evidenziato che Rahner intende la filosofia della religione come «la conoscenza che *l'uomo* può raggiungere sul suo esatto rapporto con Dio, l'Assoluto»[44] e da ciò emergono cruciali implicazioni.

In primo luogo, caratterizzando la religione come rapporto, è esclusa qualunque interpretazione che voglia ridurla ad un semplice fenomeno intrapsichico, privandola di ogni riferimento reale al di fuori del soggetto.

La filosofia della religione, quindi, e questa è la seconda implicazione, per giungere alla comprensione di tale rapporto, deve muovere da quella dei due termini che in esso sono coinvolti, cioè l'essere umano e Dio, assumendo, per il primo, le acquisizioni dell'antropologia metafisica e, per il secondo, quelle della teologia naturale, ovvero della metafisica[45].

Per cogliere, dunque, la peculiarità della riflessione di Rahner sulla religione e metterne in luce il carattere intrinsecamente cristiano, è necessario articolare l'indagine sul soggetto e su Dio, fondando, per questa via, la possibilità del rapporto.

---

[44] RAHNER K., *Uditori della parola*, cit., p. 33.

[45] Ibidem, p. 218: «*La theologia naturalis* non è una scienza filosofica autonoma, che avrebbe in comune con le altre discipline solo i principi della logica formale, ma un momento interiore della ontologia generale, della metafisica».

Posto, pertanto, che la filosofia della religione ha come scopo la conoscenza del rapporto tra l'essere umano e Dio, essa può configurarsi come filosofia cristiana della religione se riesce a chiarire che la relazione non si attua indifferentemente in una modalità qualsiasi, ma precisamente in quella dell'ascolto, da parte del soggetto, di una rivelazione verbale di Dio nella storia[46].

Perché ciò sia possibile si deve poter provare, riguardo a Dio, che «L'essere è illuminato, è "logos" e può essere rivelato mediante la parola»[47]e, riguardo all'essere umano, che egli «offre *da se stesso* a tale possibile rivelazione un orizzonte aprioristico, in cui possa alla fine verificarsi»[48], giungendo, così, a quello che «costituisce il nucleo più intimo di una filosofia cristiana della religione»[49].

In tal modo, e solo in questo, il carattere cristiano della filosofia della religione non sarà un'aggiunta estrinseca, ma scaturirà dal percorso stesso della ricerca che, indagando sul soggetto e su Dio, farà affiorare che il rapporto si istituisce come quello dell'ascolto di una parola storica[50].

---

[46] Ibidem, p. 82: «siamo al centro della più autentica filosofia della religione, in quanto questa, secondo noi, deve giustificare la possibilità di una rivelazione da parte di Dio».

[47] RAHNER K., *Uditori della parola*, cit., p. 99.

[48] Ibidem, p. 98.

[49] Ibidem, p. 99.

[50] Ibidem, p. 224: «La filosofia, intesa nel suo giusto significato, ha sempre un carattere di avvento, è *praeparatio Evangelii*, è quindi cristiana per sua natura, non nel senso di un battesimo successivo, ma perché costituisce l'uomo come possibile uditore del messaggio di Dio, certo nei limiti in cui tale capacità di ascolto può essere opera dell'uomo stesso».

Il soggetto

Volendosi accostare all'antropologia metafisica di Rahner in modo sintetico, ma tale da evidenziare ciò che consente al soggetto di essere con Dio in un rapporto che si attua nella modalità dell'ascolto, è indispensabile muovere dal centrale concetto di "esperienza trascendentale", che, sotteso a tutta la sua riflessione antropologica, perviene in *Corso fondamentale sulla fede* ad una precisa ed approfondita definizione: «Questa con-conoscenza del soggetto conoscente, con-conoscenza soggettiva, atematica, presente in ogni atto di conoscenza spirituale, necessaria e ineliminabile, nonché la sua apertura alla sterminata ampiezza di tutta la realtà possibile, viene da noi denominata *esperienza trascendentale*»[51].

Nelle righe immediatamente successive è specificato il perché di questa denominazione, considerando i due termini che la compongono, ovvero esperienza e trascendentale.

Asserendo che si tratta di un'esperienza, ne è sottolineato il carattere di imprescindibilità, cioè il suo essere inscindibile da qualsiasi particolare sperimentare e, poiché l'intera esistenza è esperienza, il suo essere coincidente con tale esistenza in quello che vi è di propriamente umano.

Essa, poi, è trascendentale, perché, pur accompagnando e rendendo possibile ogni incontro con il mondo esterno, non proviene da quest'ultimo, ma si colloca sul piano della struttura costitutiva, necessariamente data con l'esistere soggettivo.

Inoltre, l'affermazione che si tratta di un'esperienza e non soltanto di una conoscenza, sottolinea che essa in-

---

[51] RAHNER K., *Corso fondamentale sulla fede*, cit., p. 40.

volge anche tutti gli atti di libera volontà e, conseguentemente, non è limitata ad ambiti settoriali della vita, ma, come si è detto, specifica il carattere umano di questa, assunta nella sua totalità e nella sua integralità.

L'analisi dell'esperienza trascendentale consente così di far affiorare ciò che contraddistingue la soggettività, poiché essa si configura sia come conoscenza di sé, concomitante ogni atto, sia come infinita apertura e, pertanto, muovendo da qui è possibile delineare un quadro completo della peculiarità umana, riferendosi tanto alla conoscenza, quanto all'azione nel mondo ed evidenziando che «l'uomo è essenzialmente ambiguo. È sempre legato al mondo ed è già sempre al di sopra di esso»[52].

Inevitabilmente uno dei due concetti, la conoscenza di sé e l'apertura, deve essere affrontato per primo, ma questo è fatto con la chiara consapevolezza che si tratta di una distinzione dipendente solo dal modo umano di procedere, che non consente di considerare due cose simultaneamente, mentre, in effetti, si tratta di un'unica ed identica realtà nella quale ciascun aspetto è la condizione dell'altro.

Si deve anche rilevare che su questo punto incide in misura determinante l'uso di quel metodo trascendentale che caratterizza tutta la riflessione filosofica e teologica di Rahner, permettendole di non arrestarsi al livello della descrizione del dato, ma di procedere fino alle ultime strutture coincidenti con l'essenza metafisica dell'essere umano[53].

---

[52] RAHNER K., *Spirito nel mondo*, Milano 1989, p. 383.

[53] Cfr.: SALATIELLO G., *Metodo trascendentale e svolta antropologica*, in ID. (ed.), *Karl Rahner. Percorsi di ricerca*, Roma 2012, pp. 45-83.

Come si è già detto, infine, il concetto dell'esperienza trascendentale e l'indagine su quello che vi è implicato compaiono esplicitamente in *Corso fondamentale*, ma convergono qui tutte le precedenti acquisizioni di *Uditori della parola* e di *Spirito nel mondo*, alle quali, quindi, si può fare riferimento in un discorso unitario che ripercorra tutti gli elementi centrali dell'antropologia di Rahner.

* * * * * *

L'analisi dell'esperienza trascendentale prende, quindi, il suo punto di avvio da quella della con-conoscenza soggettiva che la costituisce e che è «una conoscenza in cui il soggetto conoscente, conoscendo, possiede se stesso e la propria conoscenza»[54], ponendo, in tal modo, in evidenza un aspetto che colloca l'indagine sul piano gnoseologico che, però, come si vedrà, rinvia subito oltre di sé, ai principi metafisicamente costitutivi.

Tale conoscenza di sé, che è concomitante ogni atto conoscitivo, possiede due caratteri che la contraddistinguono, conferendole la sua peculiare fisionomia.

In primo luogo, essa è atematica, cioè non offre alcun contenuto concettuale che, se fosse presente, rappresenterebbe un ostacolo insormontabile per la conoscenza esterna, data l'umana impossibilità di aver presenti due oggetti contemporaneamente.

In seconda istanza e conseguentemente, poi, «essa è qualcosa che si svolge per così dire alle spalle del conoscente, il quale tiene lo sguardo puntato sull'oggetto e non su di sé»[55], impegnato con l'altro, ma non per-

---

[54] RAHNER K., *Corso fondamentale sulla fede*, cit., p. 37.
[55] Ibidem.

dendo mai se stesso e permanendo in uno stabile auto-possesso.

Approfondendo ulteriormente, però, emerge che la conoscenza di sé non soltanto accompagna la conoscenza oggettiva, ma, in realtà, ne costituisce la condizione di possibilità, ovvero è «una legge anteriore che determina che cosa può mostrarsi al soggetto conoscente e come lo può fare»[56], selezionando, tra gli infiniti dati possibili, quelli che, di fatto, possono essere conosciuti.

In questo quadro, la concreta esperienza sensibile è l'indispensabile mediazione per il possesso di sé, ma quest'ultimo «rappresenta in un certo modo lo spazio illuminato all'interno del quale il singolo oggetto, di cui ci occupiamo in una determinata conoscenza primaria, può mostrarsi»[57].

Se ci si soffermasse su quest'ultima affermazione, la riflessione si sposterebbe sull'altro versante dell'esperienza trascendentale, cioè quello del suo essere un'illimitata apertura, ma prioritariamente si deve portare l'attenzione sul suo radicale fondamento metafisico che ricollega direttamente la riflessione di Rahner alla tomista "reditio completa".

Riguardo a tale fondamento si trovano in *Uditori della parola* varie precise enunciazioni ed è opportuno prendere l'avvio da una di esse, che colloca tutta l'indagine nel cuore del pensiero metafisico di Rahner: «Essere è *per sé* conoscere, e conoscere è la capacità che ha l'essere, per la sua stessa costituzione, di riflettere su se stesso, è la sua «soggettività».[58]

---

[56] Ibidem, p. 39.
[57] Ibidem, p. 37.
[58] RAHNER K., *Uditori della parola*, cit., p. 70.

L'essere, cioè, è trasparenza e la sua conoscenza non sopraggiunge in un momento successivo, ma gli è intrinseca ed «è per san Tommaso il ritorno del conoscente su se stesso, quindi sempre un prendere coscienza di sé»[59].

Questa affermazione cruciale deve essere compresa alla luce del concetto dell'analogia dell'essere, che è, nella sua verità, essenzialmente analogo, in quanto ogni singolo ente possiede l'essere, e quindi la conoscenza, secondo una gradualità che va dall'ottusità dell'ente materiale, conoscibile, ma mai conoscente, fino all'assoluta autotrasparenza dell'Essere assoluto[60].

Emerge qui tutta la peculiarità dell'essere umano che è l'unico ente finito materiale capace di un ritorno completo su di sé, poiché «L'uomo, nel mostrare col pensiero e con l'azione chi egli è, conosce se stesso, si "«percepisce» e si «comprende»"»[61], proprio nel momento in cui ha presente l'altro da sé, secondo quanto già evidenziato riguardo all'esperienza trascendentale come conconoscenza soggettiva[62].

* * * * * *

Per cogliere in che cosa consista quell'apertura illimitata, che coincide con l'esperienza trascendentale ed alla

---

[59] Ibidem, p. 72; Cfr.: RAHNER K., *Spirito nel mondo*, cit., pp. 69-72.

[60] RAHNER K., *Uditori della parola* , cit., p. 77: «Il concetto di essere è in *questo* senso *analogo*. E questa analogia si manifesta nella forma del tutto analoga, in cui ogni singolo ente ritorna su se stesso, è cosciente di sé e quindi "possiede l'essere"»; Cfr., RAHNER K., *Spirito nel mondo*, cit., pp. 72-78.

[61] RAHNER K., *Uditori della parola*, cit., p. 80.

[62] Ibidem, p. 87: «l'uomo è l'ente, anzi il primo ente, capace di realizzarsi come reditio completa».

quale si è fatto cenno in precedenza, risulta opportuno prendere in considerazione due precise affermazioni di Rahner, contenute rispettivamente in *Uditori della parola* ed in *Corso fondamentale sulla fede*: «L'essenza dell'uomo è l'assoluta apertura all'essere in genere; in una parola, l'uomo è spirito»[63]; «tale soggetto è radicalmente e di per sé la pura apertura verso tutto, verso l'essere in generale»[64].

È indispensabile sottolineare immediatamente che l'apertura all'essere alla quale si riferiscono i due testi ora citati non rappresenta in alcun modo una conoscenza tematica quale è quella degli oggetti, ma che, al contrario, proprio nella sua atematicità, è la condizione di possibilità di quest'ultima, consentendo che il singolo oggetto, in quanto continuamente trasceso, sia colto nella sua limitatezza e, quindi, come finito[65].

Essendo condizione di possibilità della conoscenza oggettiva, la percezione previa, o "anticipazione" dell'essere, non ha la sua origine dal contatto con quel mondo esterno in cui l'essere umano è sempre, inevitabilmente inserito, ma entra costitutivamente nelle strutture a priori della soggettività e, come evidenziato dal primo testo citato inizialmente, è precisamente quella che, a tale soggettività, conferisce la capacità di trascendere incessantemente ogni dato singolo e, per questo, il suo carattere spirituale[66].

---

[63] Ibibem, p. 66.

[64] RAHNER K., *Corso fondamentale sulla fede*, cit., p. 39.

[65] RAHNER K., *Uditori della parola*, cit., p. 89: «La conoscenza coglie quindi il suo singolo oggetto in una «percezione previa» dell'essere, che comprende nella sua assoluta vastità tutti gli oggetti possibili».

[66] RAHNER K., *Corso fondamentale sulla fede*, cit., p. 56: «L'uomo è l'essere della trascendenza in quanto tutta la sua conoscenza

L'essere che così è anticipato non si presenta, poi, come un oggetto tematicamente conosciuto, ma, come si è già rilevato riguardo all'esperienza trascendentale, «La trascendenza vera e propria si trova in un certo senso sempre alle spalle dell'uomo, all'indisponibile origine della sua vita e della sua conoscenza»[67], implicitamente sperimentata in ogni esperienza particolare.

Ritorna qui il tema precedentemente accennato dell'ambiguità umana, perché il soggetto esperisce sempre, e spesso dolorosamente, la sua finitezza, ma, cogliendosi proteso al di là di tutto il finito, si percepisce come infinitamente aperto ed in ciò consiste precisamente l'esperienza della spiritualità.

Muovendo da queste considerazioni, si potrebbe ripercorrere tutta la teoria di Rahner sulla conoscenza, sull'intelletto agente e sull'astrazione, ma nel presente contesto quello che risulta significativo è, da una parte, l'aver individuato nella spiritualità il carattere distintivo dell'essere umano e, dall'altra, aver colto che nessun ente finito esaurisce la sua apertura che resta così protesa oltre ogni limite, verso l'essere nella sua assolutezza, che, tuttavia, rimane in se stesso inaccessibile alle naturali capacità di conoscenza concettuale[68].

* * * * * *

e tutta la sua attività conoscitiva è fondata nell'*anticipazione* dell'"essere" in generale, in una conoscenza atematica eppur inevitabile dell'infinità della realtà».

[67] Ibidem, p. 59.

[68] Ibidem: «Tuttavia l'uomo è e rimane l'essere della trascendenza, cioè quell'esistente a cui l'infinità non disponibile e silente della realtà si presenta continuamente come mistero».

La spiritualità che si è rivelata propria dell'essere umano, tuttavia, non è quella di uno spirito assoluto, ma caratterizza un soggetto essenzialmente finito e tale considerazione risulta determinante per stabilire quale sia il rapporto che può sussistere con Dio, l'Assoluto.

L'apertura illimitata della trascendenza soggettiva è la basilare condizione perché tale rapporto possa instaurasi[69], ma con questa semplice affermazione resta ancora da determinare quale sia la sua natura e questo è propriamente il punto decisivo per verificare se esso sia attuabile come ascolto di una parola di Dio, pronunciata nella storia, ovvero come accettazione di quella rivelazione che il cristianesimo annuncia.

Si deve, quindi, indagare che cosa significhi asserire la finitezza dello spirito umano e che cosa essa implichi, muovendosi dapprima sul piano dell'antropologia metafisica, per poi svolgerne le conseguenze riguardo alla riflessione filosofica sulla religione.

È, pertanto, necessario analizzare in profondità la trascendenza umana, cioè l'apertura all'essere, per coglierne le specifiche modalità in considerazione di quella finitezza che, prima ancora di essere la conclusione di un ragionamento filosofico, è un dato ineludibile dell'esperienza del singolo, che si ripresenta in ogni momento dell'esistenza.

Il punto di partenza di quest'analisi è costituito dall'indagine sulla conoscenza umana che, nel suo imprescindibile aspetto di coscienza di sé, «è possibile solo in quanto

---

[69] RAHNER K., *Uditori della parola*, cit., pp. 152-153: «il punto di una possibile rivelazione in uno spirito dotato di trascendenza senza limiti non può essere una legge aprioristica, che prescriva a chi si rivela i modi possibili di tale sua rivelazione».

recettiva, cioè in quanto va verso un altro da sé diverso e lo coglie oggettivamente come primo conosciuto»[70].

La recettività della conoscenza umana, chiaramente affermata da Tommaso, non solleva, per se stessa problemi, ma sembra incontrare un ostacolo insormontabile se è rapportata all'asserzione dell'identità di conoscere ed essere cosciente di sé, poiché si pone la questione su quale sia il primo conosciuto: la soggettività medesima o l'oggetto materiale che è la condizione per la "reditio completa"?

Il problema, nonostante la sua apparente insolubilità, trova, invece, risposta tornando alla classica affermazione dell'anima come "forma corporis", «in cui, però, corpus va inteso in senso tomistico, cioè come materia prima, la pura possibilità reale di essere»[71].

L'alterità materiale che costituisce il mondo esterno, quindi, non è estranea alla soggettività spirituale medesima, che è sempre quella di un ente che è anche materiale, ma quest'ultima la incontra già in se stessa, poiché lo spirito è proprio quella forma che conferisce l'essere al puro principio indeterminato che è la materia, facendone un corpo specificamente umano[72].

Due esiti si dischiudono a partire da questa asserzione, in quanto, in primo luogo, è risolta la contraddizione tra la priorità della coscienza di sé ed il carattere recettivo della conoscenza, mentre, in seconda istanza, emerge che tale coscienza di sé, essendo quella di un

---

[70] Ibidem, p. 161.

[71] Ibidem, p. 165.

[72] Ibidem: «L'essere dell'uomo, denominato nella filosofia scolastica anche forma (attuale), è l'essere di quella possibilità indeterminata e reale chiamata materia».

ente materiale-spirituale, non può darsi senza un "exitus" nel mondo ed un "reditus" che riporta il soggetto a sé[73].

Tutte le precedenti considerazioni sull'essere umano pervengono così ad un punto decisivo, perché «è emerso finora che l'uomo è spirito e che per diventare spirito entra, e ontologicamente è di per sé già entrato, nell'alterità, nella materia e quindi nel mondo»[74], comportando che la riflessione sul soggetto non può mai prescindere da quella sul suo inserimento mondano.

La strada si aprirebbe, anche solo muovendo da qui, per la considerazione della storicità umana, ma per una sua compiuta indagine, è necessario prima portare l'attenzione sulla libertà, ricollegandosi a quanto è risultato dall'analisi dell'esperienza trascendentale, che non riguarda solo la conoscenza, ma anche, appunto, la volontà libera[75].

* * * * *

L'esperienza trascendentale, come si è già accennato, non costituisce la condizione di possibilità solo della conoscenza, ma, in quanto ritorno a sé, che fonda l'autonomia nei riguardi del mondo, lo è anche rispetto all'agire che, proprio per questo, risulta libero nei confronti degli oggetti sui quali si esercita e «In questo senso possiamo distinguere tra una libertà originante e una libertà origi-

---

[73] Ibidem, p.166: «L'uomo ha una conoscenza recettiva, per cui la sua autocomprensione e la sua autonomia cosciente derivano sempre e fondamentalmente da un esodo nel mondo».

[74] Ibidem, p. 170.

[75] RAHNER K., *Corso fondamentale sulla fede*, cit., pp. 40-41: «Naturalmente tale esperienza trascendentale non è limitata alla pura conoscenza, ma si estende anche alla volontà e alla libertà; anche queste posseggono il medesimo carattere trascendentale».

nata, tra una libertà alla radice e una libertà nella sua incarnazione concreta e mondana»[76].

Si deve, quindi, affermare l'esistenza di una libertà trascendentale, data con la stessa costituzione essenziale del soggetto, anteriore ai singoli, concreti atti liberi che rende possibili, e di essa vi è un'implicita esperienza che si esprime come consapevolezza delle proprie azioni ed autopossesso[77].

Come tutto ciò che attiene all'esperienza trascendentale, anche la libertà originaria, però, deve estrinsecarsi nel contatto con le realtà mondane che ne sono la mediazione e, di conseguenza, come per la conoscenza, non si può prescindere dalla concretezza spazio-temporale in cui l'essere umano si trova necessariamente collocato per la sua struttura materiale-spirituale[78].

L'inserimento nel mondo, pertanto, non soltanto è intrinsecamente inevitabile perché la materia entra a costituire la stessa realtà umana, ma media l'attuazione della libertà trascendentale, che non può essere in alcun modo intesa in un senso puramente intimistico, ed anche per questa via l'attenzione si porta sulla storia che si realizza sempre e soltanto in presenza di atti liberi.

In questa direzione, dunque, si dovrà proseguire, ma prima è necessario sottolineare quello che il carattere più

---

[76] Ibidem, p. 61.

[77] Ibidem, p. 62: «Come la soggettività e il carattere personale, così anche la responsabilità e la libertà sono una realtà dell'esperienza trascendentale, vengono cioè sperimentate là dove un soggetto sperimenta se stesso in quanto tale, e quindi non là dove esso si oggettivizza in una riflessione scientifica successiva».

[78] Ibidem, p. 61: «Anche la libertà viene sempre mediata dalla realtà concreta dello spazio, del tempo, del corpo e della storia dell'uomo».

radicale della libertà trascendentale, poiché «Là dove la libertà viene realmente compresa, essa non è la facoltà di fare questo o quello, bensì la facoltà di decidere di sé e di fare se stesso»[79], ponendo quell'affidamento a sé che è la premessa della responsabilità, sempre inscindibile dalla libertà.

Da tutte le considerazioni precedenti è emerso così che l'essere umano, per la sua costituzione spirituale e anche inscindibilmente materiale è inserito nello spazio e nel tempo, ma, nonostante la sua collocazione spazio-temporale, per la presenza della libertà, è sottratto all'azione delle leggi deterministiche che governano tutto ciò che è materiale e «Un agire libero ha però già essenzialmente un carattere storico»[80].

La storicità, pertanto, «deve essere colta come elemento della costituzione fondamentale dell'uomo»[81], non semplicemente accostata alla sua spiritualità, ma intrinseca ad essa, come condizione che ne rende possibile l'attuazione, infatti, «L'uomo è un essere *storico* anche in quanto spirito, per cui non solo nella sua esistenza biologica, ma anche nel fondare la sua esistenza spirituale è tenuto a inserirsi nella sua storia»[82].

L'apertura trascendente della soggettività, in questo modo, non può prescindere dalla concreta storia umana che costituisce l'indispensabile mediazione per quel ritorno a sé da cui sorge il cosciente autopossesso e lo spirito umano è sempre storico ed appartenente al mondo[83].

---

[79] Ibidem, p. 63.

[80] RAHNER K., *Uditori della parola*, cit., p.155.

[81] Ibidem, p. 156.

[82] Ibidem, p. 42.

[83] RAHNER K., *Corso fondamentale sulla fede*, cit., pp. 66-67: «Il tempo, il mondo e la storia mediano il soggetto a se stesso, lo

La riflessione antropologica di Rahner perviene al suo punto di estremo approfondimento ed apre la strada alla considerazione di quello che costituisce il cuore della filosofia cristiana della religione, cioè di una riflessione filosofica sul fatto che il rapporto tra il soggetto e Dio si realizza nella modalità dell'ascolto di una parola divina pronunciata nella storia.

La trascendenza senza limiti dello spirito umano è, infatti, quella che lo rende capace di aprirsi all'Assoluto, ma il fatto che questa trascendenza debba sempre attuarsi nella storia consente di considerare quest'ultima, con le sue contingenze, non come un ostacolo, ma precisamente come l'ambito di un rapporto che sia rispettoso di quella che è l'umana struttura costitutiva[84].

Dio

Dalle pagine precedenti è risultato che, per quello che concerne il soggetto, una rivelazione di Dio può verificarsi «solo quando l'uomo è considerato come spirito, che coglie in pieno la trascendenza dell'essere e necessariamente la tematizza anche come già realizzata da sempre»[85] e proprio a questo risultato è pervenuta l'antropologia metafisica di Rahner.

D'altra parte, allo stesso livello di approfondimento metafisico, è emerso che la storicità è dimensione essen-

---

fanno pervenire a quell'autopossesso diretto e libero a cui un soggetto personale è orientato e che egli anticipa e precorre già da sempre».

[84] RAHNER K., *Uditori della parola*, cit., p. 98: «Ora una rivelazione di Dio è possibile solo quando il soggetto a cui si deve dirigere, offre *da se stesso* a tale possibile rivelazione un orizzonte aprioristico, in cui possa alla fine verificarsi».

[85] Ibidem.

ziale dell'essere umano, da cui egli non può mai prescindere, e, conseguentemente, tale rivelazione, per poter essere accolta, deve verificarsi sul terreno della storia, con tutto il peso della sua contingenza e del carattere particolare dei suoi eventi.

La possibilità della rivelazione, tuttavia, deve essere provata non solo riguardo a colui che l'accoglie, ma anche relativamente a Dio che si rivela e, in questo caso, «L'unità suprema di essere e di conoscere è il presupposto ultimo perché Dio, nonostante la «sua trascendenza», comunichi con l'uomo attraverso il discorso e la parola»[86].

L'assoluta irrazionalità di una volontà sganciata dalla luce dell'intelletto, infatti, non potrebbe trovare espressione nella parola e rendere conoscibile quella che è l'intima realtà di Dio stesso, qualora Egli decidesse di rivelarsi rivolgendosi alla creatura spirituale[87].

Con ciò, però, non si sono ancora poste tutte le premesse richieste per «comprendere il valore della parola rivelatrice di Dio»[88], poiché essa non può essere la necessaria conseguenza dell'atto creatore che chiama il soggetto all'esistenza, ma deve configurarsi come un ulteriore atto che Dio compie in assoluta libertà, potendo parlare o rimanere chiuso nel suo mistero inaccessibile alle sole forze dell'intelligenza creata.

* * * * * *

---

[86] Ibidem, p.82.

[87] Ibidem: «Solo se l'essere dell'ente è per sua natura «logos», il Logos incarnato di Dio può dire mediante la «parola» ciò che è nascosto nelle profondità di Dio».

[88] Ibidem, p. 115.

L'esigenza di conoscere la verità di Dio, per poter affermare anche da questa parte la possibilità della rivelazione, porta a dover sinteticamente ritornare alla metafisica che aveva già consentito di cogliere l'umana struttura costitutiva, in quanto la conoscenza di Dio «non è una scienza che si fonda su se stessa, ma un momento interiore dell'ontologia universale»[89]

Alla radice di tale ontologia vi è la percezione previa per la quale il soggetto, come si è visto, in ogni conoscenza dell'ente finito e limitato, coglie l'essere senza limiti e deve, quindi, affermare, muovendo dall'analogia dell'essere dell'ente, «anche Dio come l'ente che "possiede in modo assoluto" l'essere»[90] che in Lui si identifica, senza alcun residuo, con la Sua altrettanto assoluta conoscenza e con la piena ed immediata coscienza di Sé[91].

Dio, quindi, nonostante la sua inaccessibilità alle sole forze dell'intelligenza creata, non è in se stesso oscuro, ma è, anzi, assoluta trasparenza, ovvero, come già sottolineato, è "logos" che, pertanto, può esprimere la Sua piena intelligibilità poiché «Dove dunque la presa di possesso di se stesso è piena, ivi è completa anche l'essenza della conoscenza»[92].

D'altra parte, nel momento in cui si afferma Dio come il fondamento di tutto ciò che esiste, se ne afferma anche il carattere personale, poiché tra gli enti creati vi è anche l'essere umano, cioè la persona, ed «È infatti

---

[89] Ibidem, p. 33.

[90] Ibidem, p. 94.

[91] Ibidem, p. 95: «La percezione previa si porta sull'essere assoluto di Dio in quanto si afferma l'*esse absolutum* sempre e fondamentalmente insieme con la vastità per sé infinita della percezione previa».

[92] Ibidem, p. 134.

evidente che il fondamento di una realtà che esiste debba possedere anticipatamente in sé tale realtà da esso fondata e possederla in assoluta pienezza e purezza»[93].

Si giunge qui al nucleo centrale di quello che rende possibile un discorso sulla rivelazione di Dio, in quanto quest'ultima, secondo quello che si è precedentemente ricordato, non può scaturire necessariamente dall'atto della creazione, ma deve costituire un nuovo atto che può verificarsi oppure no: in altre parole un atto libero che solo la persona può porre.

* * * * * *

Diviene ora possibile, sulla base delle riflessioni svolte, affrontare il punto della libertà della rivelazione, senza che per questo si debba approfondire tutta la complessa questione teologica della libertà di Dio.

Affermando, infatti, Dio come persona, con ciò stesso se ne pone l'assoluta libertà di rivelarsi o di tacere, essendo capace di atti sempre nuovi ed originali, non prevedibili, in quanto non deducibili da precedenti realizzazioni, poiché «la persona, essendo libera, si apre all'altro, che la deve conoscere, solo attraverso un atto della sua volontà»[94].

In questa prospettiva si impone la distinzione tra un approccio metafisico ed uno teologico al concetto di rivelazione e, sotto il profilo metafisico, la rivelazione è necessaria perché «Chi infatti sta di fronte a un altro in quanto libero rivela sempre se stesso, certo per quello che vuol essere nei suoi riguardi: chiuso o aperto»[95].

---

[93] Rahner K., *Corso fondamentale sulla fede*, cit., p. 107.
[94] Rahner K., *Uditori della parola*, cit., p. 124.
[95] Ibidem, p. 128.

Teologicamente, invece, la rivelazione è assolutamente libera, poiché, essendo una parola indirizzata al soggetto, nulla può necessitare Dio a pronunciarla e l'essere umano non può esigerla come a lui dovuta, ma deve sempre e soltanto tenersi pronto ad accoglierla nel caso essa lo raggiunga[96].

Dio, quindi, in virtù della sua assoluta libertà può rivelarsi al di là della creazione, ma, poiché «ogni atto libero è sempre qualcosa di originario, d'irripetibile, d'incalcolabile dall'esterno»[97], l'atteggiamento umano può essere solo quello dell'attesa, nella disponibilità ad una pronta risposta di accettazione.

Dio, inoltre, si è già mostrato come l'orizzonte che sorregge l'apertura trascendente del soggetto, ma tale apertura, nel suo accettare l'Assoluto al quale tende, si configura come volontà ed amore[98] e, di conseguenza, bisogna affermare che quell'orizzonte, in quanto fondamento, è, a sua volta, amore assolutamente libero e fondante che non si è esaurito nell'atto originario d'amore che è la creazione dell'ente finito[99].

Rimane ora da comprendere perché la rivelazione che Dio indirizza all'essere umano e che questi può accogliere grazie alla sua infinita trascendenza, debba verificarsi su quel terreno mutevole e contingente che è la storia.

---

[96] Ibidem: «La rivelazione intesa in tal senso non si può naturalmente dire dovuta all'uomo in forza della sua natura. Essa è, al contrario, essenzialmente libera».

[97] Ibidem, p. 126.

[98] RAHNER K., *Corso fondamentale sulla fede*, cit., p. 97: «la libertà di un soggetto affidato a se stesso, la quale assentisce a un altro soggetto, in fondo si chiama amore».

[99] RAHNER K., *Uditori della parola*, cit., p. 136: «Il contingente finito è trasparente nell'amore libero, che Dio ha per se stesso e in esso per la sua opera creata liberamente».

Una prima risposta a questo interrogativo è già stata fornita rilevando che l'apertura trascendentale può trovare la sua attuazione soltanto con la mediazione delle realtà finite e, quindi, in virtù della libertà umana, nella storia che, pertanto, non può mai essere trascesa dallo spirito del soggetto, neppure quando egli si apra a Dio.

D'altra parte, però, la rivelazione è storica in un senso ancora più originario, cioè relativamente a Dio stesso, poiché, essendo assolutamente libera, non può avere quel carattere di universalità e necessità che è proprio di ciò che deriva da premesse necessariamente date[100].

* * * * * *

La rivelazione, così, appare intrinsecamente possibile, sia riguardo alla costituzione di colui che l'accoglie, sia riguardo a Dio, assumendo quello che di Lui ha mostrato l'indagine sull'essere.

Essa, inoltre, per la sua più intima natura, può aver luogo nella storia umana che si presenta così come l'ambito al quale il soggetto deve indirizzare la sua ricerca di Dio.

La filosofia della religione che assume il concetto cristiano di rivelazione deve, dunque, portare la sua riflessione sulla storia e sulla religione che in essa è vissuta dall'essere umano, poiché è su questo terreno che si realizza il vitale incontro con Dio.

---

[100] Ibidem, p. 203: «Non è neppure universale e necessario, perché in quanto libero, è imprevedibile e può essere raggiunto e colto sempre e solo partendo da esso stesso».

CAPITOLO 3

IL "LUOGO"

Assumendo tutte le precedenti riflessioni come presupposti dell'indagine ulteriore, una loro sintesi può essere effettuata ricorrendo alla citazione di un denso brano dello stesso Rahner: «l'uomo è l'ente, che è dotato di una spiritualità recettiva aperta sempre alla storia e nella sua libertà in quanto tale si trova di fronte al Dio libero di una possibile rivelazione, la quale, nel caso che si verifichi, si effettua sempre mediante «la parola» nella sua storia, di cui costituisce la più alta realizzazione»[101].

In tal modo risulta anche evidente quale sia la natura della filosofia della religione, poiché essa si configura come «l'analisi dell'ascolto, da parte dell'uomo, di una eventuale rivelazione»[102] di cui la filosofia può provare, come è stato fatto, la possibilità, senza, però, poter giungere, all'interno del suo procedimento, ad affermarne la concreta attuazione.

Si colloca in questo punto preciso, cioè in quello dell'attenzione alla storicità umana, l'apertura del passaggio dalla semplice filosofia della religione ad una filosofia cristiana della religione che riprenda tutto il percorso svolto assumendo dalla teologia il dato di una rivelazione di fatto avvenuta e non più soltanto even-

---

[101] Ibidem, pp. 208-209.
[102] Ibidem, p. 208.

tuale, con tutto quello che ciò comporta per il soggetto considerato nella realtà della sua esistenza[103].

Emerge qui tutta la rilevanza del rapporto, precedentemente delineato, tra la filosofia e la teologia, viste nella loro indiscutibile distinzione e, contemporaneamente, nel loro reciproco orientamento, per delineare una concezione del soggetto metafisicamente fondata, ma attenta alla concretezza dell'umana vicenda nel mondo e nella storia.

Rispetto all'antropologia metafisica già tratteggiata, l'accettazione di ciò che, riguardo all'essere umano, è proposto dalla rivelazione cristiana non aggiunge, così, nuovi settori da indagare, bensì porta al suo massimo approfondimento l'analisi di quelle caratteristiche che erano già emerse, prima fra tutte l'essenziale storicità che contraddistingue la creatura spirituale.

Si tratterà, pertanto, di ripercorrere i fondamentali temi prima sottolineati, muovendo dalla considerazione dell'esperienza trascendentale e della sua ineliminabile storicità, per vedere quale luce su di essi sia gettata dall'accettazione di quello che la rivelazione propone circa l'essere umano e la sua infinita apertura all'Assoluto.

Esperienza trascendentale e storia

Tornando, quindi, al cruciale concetto dell'esperienza trascendentale, se ne deve, innanzi tutto, sottolineare il carattere intrinsecamente storico, per poi considerarne il rapporto con la rivelazione di Dio, alla luce di quello che si è acquisito sulla storicità dell'esperienza trascendentale medesima.

---

[103] Ibidem, p. 37, n. 11: «In questo senso anche il filosofo può occuparsi di fatto della rivelazione storica e dell'elevazione soprannaturale dell'uomo senza essere per questo già teologo».

Si è già visto che la trascendenza infinita verso l'essere è ciò che propriamente caratterizza l'essere umano, ma con la stessa necessità si deve evidenziare che «Il tempo, il mondo e la storia mediano il soggetto a se stesso, lo fanno pervenire a quell'autopossesso diretto e libero a cui un soggetto personale è orientato e che egli anticipa e precorre già da sempre»[104]. L'assoluta apertura trascendentale, cioè, è quella che costituisce la spiritualità peculiarmente umana, ma essa non esiste "accanto" alla storia, bensì trova in quest'ultima il terreno della sua attuazione, impedendo di pensare ad una realizzazione soggettiva, anche la più elevata, prescindendo dalla storicità.

D'altra parte, essendo emerso che una rivelazione umanamente accessibile deve verificarsi nella storia, risalta subito in primo piano il nesso tra la trascendenza e la rivelazione stessa che è indirizzata precisamente ad essa perché solo la sua apertura infinita consente che la parola pronunciata da Dio sia accolta senza porle dei limiti che l'abbasserebbero al livello creaturale.

È vero, quindi, che la storia è il "luogo" della rivelazione, ma lo è poiché è la mediazione indispensabile della trascendenza che, pertanto, è quella a cui Dio indirizza la libera comunicazione di Se stesso.

Rahner medesimo offre un'efficace sintesi, articolata in cinque punti, di quanto si è fino a qui considerato, sviluppandolo nel senso specificamente cristiano del concetto di rivelazione e, di conseguenza, risulta opportuno volgere l'attenzione alle sue stesse affermazioni per poter effettuare i passi successivi[105].

---

[104] RAHNER K., *Corso fondamentale sulla fede*, cit., pp. 66-67.
[105] RAHNER K., *Riflessioni sul metodo della teologia*, in ID., "Nuovi saggi IV", Roma 1973, pp. 99-159.

In primo luogo, è ribadito che «L'uomo è trascendentalità assolutamente illimitata nella conoscenza e nella libertà»[106], ponendo, così, l'accento sul fatto che nessun oggetto limitato e nessuna scelta particolare possono esaurirne il dinamismo verso l'infinito, al di là di ogni realtà finita.

Secondariamente, è specificato che «Questa trascendentalità trova la storia della propria interpretazione, che le è sostanziale e necessaria perché tramite essa giunga presso di sé, nella storia dell'uomo nella sua totalità, cioè inteso come essere storico nella sua trascendentalità»[107], rinviando l'attenzione non soltanto alla storia del singolo, ma alla storia complessiva dell'umanità, con conseguenze di primaria rilevanza per il concetto cristiano di una rivelazione storica.

In terza istanza, è sottolineato che «In questa trascendenza l'uomo è radicalmente rimandato al mistero assoluto che chiamiamo «Dio» , il quale, con un atto libero (creazione) apre e sorregge la trascendentalità umana»[108] che, di conseguenza, non può essere vista come il risultato di uno sforzo soggettivo, ma si configura come un dono dato alla creatura spirituale già dal momento in cui essa è chiamata a quell'esistenza che, come si è già visto, è necessariamente storica.

Nel quarto punto è introdotto il concetto teologico della grazia, come gratuita autopartecipazione divina, capace di trasformare l'infinita lontananza di Dio, come termine irraggiungibile a cui tende la trascendenza, in assoluta vicinanza che la radicalizza dal suo interno ele-

---

[106] Ibidem, p. 131.
[107] Ibidem, pp. 131-132.
[108] Ibidem, p. 132.

vandola soprannaturalmente: «Per *questa* trascendentalità (tramite la grazia) il Dio che rimane perenne mistero non è solo il punto di fuga asintotico verso il quale ("motore immobile") si orienta sempre pur rimanendone sempre lontano il moto trascendentale della conoscenza e della libertà dell'uomo»[109].

Nel quinto ed ultimo punto, infine, è evidenziato che, in virtù della storicità della trascendenza umana, anche l'autocomunicazione di Dio si manifesta con carattere storico, configurando la sua offerta come storia della salvezza e della rivelazione: «Corrispondentemente a 2) la partecipazione che Dio fa di se stesso alla trascendentalità dell'uomo trova la propria storia nella storia dell'uomo e viene definita, come tale, storia dell'autopartecipazione divina, storia della salvezza e della rivelazione nell'unità dell'offerta di salvezza e della rivelazione della parola»[110].

Da qui, poi, l'argomentazione si approfondisce in una prospettiva cristologica che in questo momento esula ancora dall'analisi in corso, ma che mostra quale sia il vertice assoluto della partecipazione che Dio fa di se stesso alla creatura spirituale.

Si manifesta, così, il vero volto della storia, non soltanto individuale, ma dell'intera umanità, come storia della trascendenza e, per ciò stesso, storia di quella grazia che, come salvezza e rivelazione, Dio dona sempre donando se stesso[111].

---

[109] Ibidem.

[110] Ibidem.

[111] RAHNER K., *Corso fondamentale sulla fede*, cit., p. 194: «Ora tale trascendenza dell'uomo – necessariamente storica a motivo della sua soggettivale storicità – la quale viene costituita nella sua concretezza dall'autocomunicazione divina, significa sia storia della salvezza che storia della rivelazione».

Comincia anche ad apparire, in questo modo, quale sia la reale configurazione di una filosofia cristiana della religione, perché, se compito di ogni filosofia della religione è quello di delineare il rapporto del soggetto con Dio, la prima dovrà volgere la sua attenzione alla storia che non soltanto è dimensione intrinsecamente costitutiva dell'essere umano, ma è il "luogo" di quella rivelazione che si attua mediante la parola, poiché Dio liberamente si volge alla creatura donandole Se stesso per grazia.

Rivelazione trascendentale e rivelazione storica

Prima di ogni successivo approfondimento si rende necessario soffermarsi sull'articolazione del concetto di rivelazione che usualmente, nella tradizione cristiana, è inteso esclusivamente nel senso di quella rivelazione mediante la parola che si trova nel Vecchio e nel Nuovo Testamento.

Tale senso è, senza alcun dubbio, corretto ed appropriato, ma non esaurisce tutta la portata della rivelazione, se con essa, come è già stato indicato, ci si vuol riferire alla comunicazione che Dio fa di se stesso alla creatura, elevando soprannaturalmente la sua illimitata trascendenza.

Tale elevazione soprannaturale, infatti, non consistendo in un dono particolare creato, ma nell'autopartecipazione di Dio medesimo, «va senz'altro considerata già in quanto tale – antecedentemente a una tematizzazione riflessa attuantesi storicamente nel complesso nella storia dello spirito e della storia religiosa – come rivelazione vera e propria, da non identificarsi affatto con la cosiddetta rivelazione naturale»[112].

---

[112] Ibidem, p. 202; Ibidem, p. 228: «Al di là di tale "rivelazione naturale", che propriamente consiste nell'esistenza di Dio

Ci si deve immediatamente soffermare sul rapporto esistente tra queste due forme di rivelazione, quella trascendentale e quella storica, e rilevare che esse «non sono in contraddizione reciproca, ma due momenti interagenti di un evento unico»[113], comprensibile solo alla luce della volontà di Dio di donare se stesso.

La rivelazione trascendentale, pertanto, rappresenta la condizione perché quella storica possa essere accolta da un soggetto già interiormente trasformato, capace, cioè, di udire nella fede che non è mai impresa umana, ma dono gratuito di Dio, e che abilita a non porre limiti alla parola divina[114].

La rivelazione trascendentale, in questi termini, non consiste in un insieme di proposizioni tematizzate e verbali, ma è la radicalizzazione della coscienza della soggettiva trascendentalità e, in quanto tale, necessita della mediazione categoriale e storica, esplicitamente pensata e riflessa.

Diventa, quindi, chiaro perché tutta la storia umana possa essere vista come storia della rivelazione, dal momento che essa è, appunto, la storia delle mediazioni della trascendenza e, altra parte, risulta anche evidente perché ciò che media non debba essere necessariamente una realtà propriamente religiosa in senso stretto, ma possa essere qualsiasi campo di attuazione della coscienza e, dunque, di nuovo, della storia.

---

come domanda (non come risposta), esiste la vera e propria rivelazione di Dio».

[113] RAHNER K., *Riflessioni sul metodo della teologia*, cit., p. 154.

[114] RAHNER K., *Corso fondamentale sulla fede*, cit., p. 203: «Solo dove Dio è il principio soggettivo del parlare e dell'ascoltare credente dell'uomo, egli può dire se stesso».

Alla luce di quanto si è finora considerato, acquista, inoltre, una rilevanza del tutto particolare la storia delle religioni umane, che, anche anteriormente a tutte le considerazioni che successivamente si imporranno, possono essere ricondotte ad una funzione di mediazione partecipata, non derivante dalle loro intrinseche caratteristiche, ma sempre da quel dono soprannaturale che è la grazia e che giunge al suo pieno compimento con l'incarnazione della Parola medesima.

La filosofia cristiana della religione, che indaga quel rapporto tra l'uomo e Dio, che si instaura mediante l'ascolto della parola divina, deve, pertanto, volgersi all'intera storia dell'umanità, che, come si è visto, è sempre anche storia della rivelazione trascendentale, per poi porre al centro dell'indagine quella storia particolare che è quella che nasce quando Dio pronuncia una parola storica.

L'attenzione alla storia universale, in questa prospettiva, non è motivata da un interesse di tipo storico e fenomenologico, ma scaturisce da considerazioni teologiche relative al piano salvifico di Dio e, conseguentemente, coinvolge anche il filosofo che mette a tema la natura del rapporto tra Dio e l'umanità: «Esiste piuttosto una storia della rivelazione coesistente alla storia dell'umanità e quindi all'intera storia della religione, se è vero che esiste una volontà salvifica soprannaturale e universale di Dio»[115].

Vi è, dunque, una storia universale della rivelazione trascendentale, ma, poiché quest'ultima per sua natura deve trovare attuazione in concrete mediazioni categoriali, vi è una storia che coinvolge tutte quelle realtà che, esplicitamente con carattere religioso, o implicitamente,

---

[115] Rahner K., *Filosofia e teologia*, cit., p. 147.

mediano la trascendenza e, conseguentemente, nessun settore della storia umana resta escluso dal dinamismo della trascendenza dello spirito[116].

Muovendo da qui, l'indagine deve aprirsi a due prospettive connesse tra loro, ma distinte, poiché, da un lato, si devono considerare quelle realtà che sono le concrete religioni storiche dell'umanità e, dall'altro, quella particolare storia categoriale che si ha quando Dio stesso interviene con la Sua parola in forma definitiva ed irreversibile.

La storia delle religioni

Riguardo alla storia delle religioni si deve subito rilevare che essa, sulla base dell'affermazione dell'esistenza di una rivelazione trascendentale universalmente rivolta a tutto il genere umano, acquista una rilevanza che non investe più soltanto lo storico, ma direttamente anche il teologo e, quello che qui più interessa, il filosofo della religione, sebbene, a prima vista, la concretezza e la particolarità delle religioni positive, possano apparire contraddittorie rispetto all'universalità della rivelazione trascendentale stessa[117].

La domanda che le religioni sollevano, cioè, è quella relativa a come sia possibile che esse, con il loro carat-

---

[116] RAHNER K., *Corso fondamentale sulla fede*, cit., p. 209: «La storia categoriale della rivelazione può certo aver luogo in maniera atematica attraverso tutto ciò che si verifica nella storia umana, ed essere così la mediazione storica dell'esperienza trascendentale soprannaturale di Dio in quanto rivelazione soprannaturale».

[117] Ibidem, p. 117: «Una religione del genere sembra radicalmente inconciliabile con il nostro punto di partenza trascendentale, a cui d'altro lato non possiamo rinunciare se oggi vogliamo ancora parlare di Dio».

tere storico particolare possano realmente aprire la via al rapporto con Dio, dal momento che Egli è già intimamente presente nell'interiorità della soggettività elevata dalla Sua diretta autocomunicazione.

La risposta, pregiudiziale per ogni ulteriore riflessione, scaturisce ritornando a quanto precedentemente sottolineato a proposito della necessità di mediazioni categoriali, ovvero storiche, della rivelazione trascendentale: «Il singolo esistente in quanto tale può mediare Dio nella sua singolarità e limitatezza categoriale nella misura in cui, nell'esperienza fatta nei suoi riguardi, si verifica l'esperienza trascendentale di Dio»[118].

Se è vero, dunque, che il contatto con Dio necessita di una mediazione finita, considerando quanto si è evidenziato riguardo all'essenziale storicità umana, diviene subito comprensibile che tale mediazione non può essere ricercata solo nello spazio ristretto dell'esperienza individuale, ma, primariamente, in quelle formazioni storiche e collettive che sono, appunto, le religioni dell'umanità, con la loro pretesa di stabilire una relazione con Dio[119].

In questa prospettiva, che è quella dell'universale volontà salvifica di Dio, la storia delle religioni appare come la storia dell'autocomunicazione divina e della sua accettazione, o del suo rifiuto, da parte dell'umanità, ma non è mai la storia di costruzioni puramente umane perché ovunque è sempre operante la grazia di Dio che

---

[118] Ibidem, p. 120.

[119] Ibidem, p. 198: «Ora questa storia dell'umanità così intesa, la sua storia dello spirito e della libertà, questa sua storia della salvezza (tematica e atematica), che è coestensiva alla storia del mondo, è in senso proprio anche storia soprannaturale della *rivelazione*».

vuole rivelarsi alla creatura e, di conseguenza, «In ogni religione di per sé viene fatto il tentativo (almeno da parte dell'uomo) di mediare storicamente, di riflettere e di esporre in proposizioni la rivelazione originaria, irriflessa e non oggettiva»[120].

Le religioni, in tal modo, appaiono come il luogo in cui l'umanità, elevata dalla grazia di Dio, sempre operante, riflette sul suo rapporto con Lui, anche se in esse il momento della genuina mediazione è sempre frammisto a concezioni erronee derivanti dai limiti creaturali del soggetto[121].

In tal modo, la filosofia della religione, se intende essere cristiana, nella sua indagine sulla relazione tra l'essere umano e Dio, non può non interessarsi alle religioni del mondo, lasciandole solo alle ricerche empiriche degli storici, ma deve inglobarle in uno sguardo complessivo, ampio quanto l'intera storia dell'umanità, poiché in esse è sempre presente la rivelazione trascendentale di Dio.

Nel quadro di questa storia universale della rivelazione si inserisce, quindi, quella che usualmente è indicata come l'unica storia della rivelazione, nel Vecchio e nel Nuovo Testamento, ma che, in realtà, è quella storia particolare che si istituisce quando Dio non soltanto si comunica alla trascendentalità del soggetto, ma direttamente interviene storicamente mediante la parola, guidando il corso degli eventi ed aprendo la via ad una riflessione assolutamente pura, in quanto da Lui sostenuta.

---

[120] Ibidem, pp. 231-232.

[121] Ibidem, p. 232: «In tutte le religioni troviamo singoli momenti di una simile ben riuscita mediazione e autoriflessione (resa possibile dalla grazia di Dio) del rapporto soprannaturalmente trascendentale (dischiuso dall'autocomunicazione divina) dell'uomo verso Dio».

La storia universale della rivelazione, pertanto, contiene al suo interno un'altra storia, quella categoriale ed ufficiale, e tra esse non vi è alcun rapporto di mutua esclusione, ma la seconda si configura come il compimento pieno della prima e contiene in sé il «criterio per discernere, nella storia religiosa concreta, tra ciò che è fraintendimento umano dell'esperienza trascendentale di Dio e ciò che è una sua legittima spiegazione»[122].

Gesù Cristo: Dio nella storia

Il filosofo cristiano della religione, come si è già evidenziato, deve, quindi, volgere una speciale attenzione alla storia delle religioni perché essa è la storia delle mediazioni della rivelazione trascendentale che l'umanità, sempre raggiunta dalla grazia di Dio, attua nei contesti della sua storia, avvalendosi delle categorie che in questi risultano disponibili, senza, però, avere mai piena garanzia della loro adeguatezza.

Per i medesimi motivi e a maggior ragione ancora, l'indagine del filosofo deve investire quella storia particolare della rivelazione che si istituisce quando «il Dio che si comunica e l'uomo che accoglie l'autocomunicazione divina diventano irrevocabilmente un solo individuo (appunto in Gesù Cristo), e la storia della rivelazione e della salvezza di tutta l'umanità – a parte la questione della salvezza individuale – perviene alla sua meta»[123].

Al centro di tale storia vi è, pertanto, l'Uomo-Dio e dal riferimento a Lui acquistano significato salvifico e rivelativo tanto la precedente storia veterotestamentaria, quanto la successiva storia cristiana, che risultano esca-

---

[122] Ibidem, p. 212.
[123] Ibidem, p. 227.

tologicamente orientate poiché trovano in Gesù Cristo l'evento decisivo e la parola definitiva di Dio.

Gesù Cristo si presenta così come un duplice criterio di discernimento perché, da una parte, secondo quanto già accennato, consente di distinguere nella storia universale ciò che è un'esatta interpretazione della rivelazione da ciò che non lo è, mentre, dall'altra, porta al suo pieno compimento la storia di Israele che, vista solamente in se stessa, non contiene la possibilità di una lettura unitariamente orientata[124].

Assumendo, dunque, l'intera storia delle religioni come storia dell'azione di Dio che si comunica all'umanità e di questa che risponde interpretando tale comunicazione, si deve giungere ad affermare che «Soltanto in Gesù Cristo è stata raggiunta la perfetta e inscindibile unità tra fattore divino ed umano; unità che nell'autorivelazione di Gesù si è resa percettibile e presente anche dal lato storico»[125].

Tutte le precedenti considerazioni raggiungono qui il loro vertice ed il filosofo cristiano della religione, rimanendo integralmente filosofo, può volgersi a riflettere su quella che la teologia indica come unione ipostatica perché «In Gesù la comunicazione di Dio all'uomo per grazia e insieme l'autoesplicazione categoriale di questa comunicazione nella dimensione di ciò che è corporalmente

---

[124] Ibidem, p. 224: «Infatti, se prescindessimo da Cristo, tale Scrittura non potrebbe essere ridotta a un concetto unitario, data la sua lunga e lenta genesi e la molteplicità delle sue tendenze e delle sue concezioni teologiche».

[125] RAHNER K., *Storia del mondo e storia della salvezza*, in ID., "Saggi di antropologia soprannaturale", Roma 1969, pp. 497-532, pp. 521-522.

tangibile e sociale sono pervenute al loro punto più alto, sono diventate la rivelazione per antonomasia»[126].

Avendo, inoltre, sottolineato che la storia delle religioni ha la stessa estensione dell'intera storia umana, si può con certezza sostenere che «Per il cristianesimo, la storia del mondo va interpretata in modo cristocentrico»[127] e che, di conseguenza, il filosofo cristiano non può prescindere dall'evento Gesù Cristo per la sua lettura della storia che trova nelle religioni il vertice della sua apertura spirituale.

Per concludere: il singolo e la rivelazione storica

Al termine di queste riflessioni deve essere sinteticamente affrontata una questione che è cruciale dal momento che la religione, pur essendo, come si è visto, una realtà storica, vive nell'interiorità del singolo che si professa credente: come è possibile che un evento lontano nel tempo ed irripetibile risulti significativo ed anzi decisivo per il soggetto che cerca il rapporto con Dio?

La risposta a tale quesito va trovata tornando all'affermazione della costitutiva storicità dell'essere umano che «già in forza della sua essenza originaria, è orientato all'evento storico della rivelazione, qualora si verificasse»[128].

Da questa premessa deriva che «Il rivolgersi alla storia non è quindi un atteggiamento lasciato alla discrezione dell'uomo ma gli è imposto fondamentalmente dalla sua spiritualità specifica[129], nella piena consapevo-

---

[126] Rahner K., *Corso fondamentale sulla fede*, cit., p. 233.

[127] Rahner K., *Storia del mondo e storia della salvezza*, cit., p. 531.

[128] Rahner K., *Uditori della parola*, cit., p. 42.

[129] Ibidem, p. 207.

lezza che nella storia può essere trovato solo ciò che è concreto, unico ed individuale.

In questo senso neppure la distanza temporale di Gesù Cristo dal soggetto costituisce un ostacolo, dal momento che dall'intrinseca storicità umana consegue che tutta la storia appartiene a ciascuno e che, pertanto, «nulla impedisce fondamentalmente che l'uomo debba prevedere la possibilità che tale rivelazione non si puntualizzi nella *singola* storia di ogni uomo, ma solo in quella di *determinati* individui»[130].

In Gesù Cristo «Dio diventa realmente l'*absolutum concretissimum*»[131] ed il singolo ha così la possibilità di instaurare un rapporto che, a sua volta, è assolutamente unico e personale, cioè, ancora una volta, storico e, quindi, vitale e portatore di senso per l'esistenza.

---

[130] Ibidem, p. 205.
[131] RAHNER K., *Corso fondamentale sulla fede*, cit., p. 395.

PARTE SECONDA

CAPITOLO 1

RIPENSARE LA FILOSOFIA DELLA RELIGIONE

Le riflessioni della parte precedente, come indicato introduttivamente, possono essere sviluppate in tre differenti direzioni alle quali corrisponderanno altrettanti capitoli, il primo dei quali intende ora soffermarsi sul nuovo volto che acquista la filosofia della religione nel momento in cui essa è costruita da un pensiero che esplicitamente si riconosce cristiano nel suo porsi in rapporto con la verità che vuole indagare.

I presupposti del discorso filosofico

Per aprire la prospettiva di una filosofia cristiana della religione è necessario, innanzi tutto, portare l'attenzione su di una distinzione soggiacente a qualsiasi discorso filosofico, ovvero quella tra i suoi presupposti, da una parte, ed il suo fondamento intrinseco, dall'altra.

Tale distinzione, a prima vista, può non apparire del tutto chiara e, quindi, neppure ovvia, mentre, invece, è di una capitale importanza che emerge in tutto il suo spessore se si pone il procedimento filosofico in relazione con colui che ne è il soggetto.

La filosofia, infatti, se intende essere rigorosamente tale, deve risultare assolutamente fondata in se stessa, ovvero su quella ragione che ne costituisce l'inizio, ne guida lo svolgimento e le consente di pervenire a conclusioni non contraddittorie.

Il discorso filosofico, in altri termini, si identifica con il suo stesso fondamento e, solo in questo modo, è assicurato che il risultato a cui esso perviene non sia il frutto di indebite ingerenze da parte di istanze estranee allo svolgimento del pensiero[132].

È assolutamente evidente come questo indispensabile riferimento della filosofia a se medesima sia una garanzia non solo sul piano strettamente speculativo, ma anche su quello pratico poiché impedisce che essa sia strumentalizzata al raggiungimento di fini che non siano soltanto l'indagine riguardo alla verità.

Questi rapidi cenni al fondamento del pensiero filosofico consentono di portare l'attenzione sui suoi presupposti, che, come si accennava, sono qualcosa di radicalmente diverso per la loro collocazione e per la loro natura, che richiedono di essere esaminate in stretta congiunzione, poiché ciascuna delle due concorre a chiarire l'altra.

Mentre, infatti, l'identificazione tra la filosofia ed il fondamento comporta che dove c'è l'uno ci sia l'altra, i presupposti, come indica il termine, sono previi ed il pensiero non li pone, ma li trova già dati nel momento in cui la riflessione inizia.

In questo senso, si può sicuramente affermare che, riguardo alla loro natura, i presupposti sono "prefilosofici" e che, rispetto alla filosofia, sono un'alterità che quest'ultima non può ridurre a se medesima, pur dovendoli assumere come punto di partenza del suo percorso.

È necessario, però, chiarire subito che "prefilosofico" non significa, in alcun modo, irrazionale e ciò risulta in

---

[132] Cfr.: ALES BELLO A., MESSINESE L., MOLINARO A. (edd.), *Fondamento e fondamentalismi*, Roma 2006.

tutta evidenza se si considera che, in caso contrario, la ragione filosofica non potrebbe mai esercitarsi su di essi che sfuggirebbero totalmente alla sua presa ed alla sua capacità di analisi, non essendo, pertanto, idonei ad avviare il movimento della riflessione.

Le puntualizzazioni fin qui effettuate su di un piano puramente teorico possono essere meglio illustrate ricorrendo a due esemplificazioni, la prima delle quali diverrà oggetto di trattazione nella terza parte, mentre la seconda è precisamente quella intorno alla quale si sta articolando tutto il lavoro, ovvero, da una parte, la differenza sessuale e, dall'altra, la religione.

Per ciò che si riferisce alla differenza sessuale, la sua estraneità rispetto alla ragione filosofica è quella che spiega perché essa, collocandosi dalla parte di quello che è immediatamente dato, sia stata lungamente assente dall'ambito degli oggetti dell'indagine, proprio per la difficoltà di assumere, rispetto ad essa, quella distanza critica che sola può permettere lo svolgimento della riflessione.

La differenza sessuale, cioè, investe radicalmente il soggetto pensante, ma è accaduto che rimanesse, «per la filosofia, qualcosa di impensato, un superfluo determinarsi dell'uomo in uomo e donna»[133], fino al momento in cui, soltanto di recente, a partire da essa si è sviluppata un'ampia serie di indagini che l'hanno assunta come oggetto, elaborando una diversa visione del soggetto di cui è stata riconosciuta l'originaria dualità.

La differenza, in tal modo, non è divenuta una costruzione della filosofia, ma rimane un dato che preesiste

---

[133] CAVARERO A., *Per una teoria della differenza sessuale*, in AAVV, *Diotima. Il pensiero della differenza sessuale*, Milano 1987, pp. 43-79, p. 45.

all'analisi filosofica che, però, proprio a partire da essa riesce ad elaborare una visione dell'essere umano, capace di superare qualsiasi astrattezza che non sappia tenere conto della concretezza dell'esistere.

Questa esemplificazione della differenza sessuale, poi, illustra chiaramente come il presupposto, nel momento in cui è assunto come oggetto della ricerca, possa incidere sullo stesso soggetto, determinandone una diversa visione di se stesso, che mette in luce aspetti che prima non erano portati ad esplicitazione.

Il soggetto, sul presupposto della differenza, è visto nella distinzione, fino ad allora impensata, tra l'universalità della sua natura umana e la particolarità della sua appartenenza sessuale che non esaurisce tutta la ricchezza dell'universale che, per attuarsi, richiede la compresenza dei due differentemente sessuati.

Portando, poi, l'attenzione sul secondo tipo di presupposto prima richiamato, ossia la religione, è necessario muovere dalla constatazione che «La religione si presenta al pensiero filosofico nettamente come il suo altro, come il suo interlocutore e antecedente»[134], rivelando di avere con esso tutta una serie di rapporti che sono, in ampia misura, quelli indicati nella prima parte riguardo alla teologia ed alla filosofia, nella loro insopprimibile distinzione.

Il fatto che all'interno di qualsiasi religione si eserciti il pensiero che, sulla sua base, elabora una visione del mondo, non può far trascurare che l'intenzionalità di tale pensiero differisce profondamente da quella della filosofia, poiché il fine di tale esercizio non è la pura cono-

---

[134] WELTE B., *Dal nulla al mistero assoluto*, Genova-Milano 1985, p. 15.

scenza, ma la relazione con il divino e, seppure in forme analoghe, la salvezza.

L'alterità della religione rispetto alla filosofia, nonché la sua antecedenza anche cronologica, spiegano perché, anche in questo caso come in quello della differenza sessuale, solo molto tardi si sia sviluppata l'indagine filosofica su di un fenomeno che è antico quanto l'umanità.

La religione, poi, quando è assunta come presupposto del discorso filosofico, analogamente a quanto è emerso circa la differenza sessuale, trasforma la coscienza che il soggetto ha di sé, perché mette in evidenza una profondità interiore e la presenza di stretti vincoli comunitari che la filosofia può riconoscere, ma che non potrebbe mai creare.

Avendo, fino a qui, evidenziato l'incidenza del presupposto sulla consapevolezza del soggetto e, quindi, sul discorso che egli svolge, si deve, però, anche riconoscere il movimento inverso, cioè quello che va dalla filosofia a ciò che la precede.

La differenza sessuale filosoficamente pensata rimane quello che è, ovvero una ineliminabile dimensione della soggettività che attraversa trasversalmente, segnandola in ogni sua attuazione, ma, in questo modo, essa è sottratta a quell'oscurità del preconscio che impedirebbe di assumerla come luogo di consapevole responsabilità personale.

Analogamente, la religione non diviene filosofia se quest'ultima la pensa, ma può integrare in se stessa la riflessione filosofica come un momento ulteriore di quel vasto campo di esperienza che il credente vive a partire dalla sua fede.

In altri termini, tanto la differenza sessuale, quanto la religione esistono anche senza la filosofia, e le sono, dunque, presupposte, ma, quando il pensiero filosofico si volge ad esse, si avvia un movimento a spirale che ingloba il vissuto e la riflessione su di esso e che è capace di esplicitare tutte le inesauribili potenzialità che il primo racchiude.

Religione cristiana e filosofia della religione

La distinzione, ora effettuata, tra il fondamento ed i presupposti consente di procedere verso ulteriori sviluppi che sono cruciali se messi in relazione con l'obiettivo iniziale dell'elaborazione di una filosofia cristiana della religione, passando attraverso le acquisizioni della prima parte sul pensiero di Rahner.

È subito evidente che la religione cristiana non può, in alcun modo, costituire il fondamento, nel senso sopra individuato, della filosofia, posto che essa, come qualsiasi altra religione, non si identifica con la pura speculazione, ma investe il soggetto nella totalità delle sue dimensioni esistenziali.

D'altra parte, però, avendo visto che la religione può sicuramente costituire un presupposto per la riflessione filosofica, questo statuto non può certamente essere negato alla religione cristiana, ma si tratta di vedere in quale maniera del tutto peculiare possa assolvere tale funzione e quale fisionomia ne risulti per la filosofia.

Tutta l'indagine di Rahner sulla filosofia della religione è approdata, come si è visto, a determinare la costitutiva apertura del soggetto a quella eventuale rivelazione di Dio, che la fede cristiana attesta come di fatto avvenuta e, da qui, il discorso filosofico può aprirsi alla teologia che si sviluppa a partire da quella effettiva rivelazione storica.

Questo percorso che porta dalla filosofia della religione di Rahner alla teologia, tuttavia, non è l'ultimo passo che si possa compiere muovendo dalle conclusioni alle quali egli perviene, ma se ne può articolare un altro che prosegua sul piano rigorosamente filosofico, assumendo come premessa proprio il passaggio dalla filosofia della religione all'accoglimento della rivelazione.

Si tratta, in altri termini, di non porre più come presupposto soltanto il dato della religione, ma precisamente quello che costituisce la peculiarità della religione cristiana come visione del mondo, dell'essere umano e dei rapporti di quest'ultimo con quel Dio che non è solo l'Assoluto, ma Padre, Figlio e Spirito Santo e che, nella persona del Figlio, si è incarnato in Gesù Cristo, morto e risorto.

Il presupposto, in questo modo, diviene qualcosa di estremamente complesso, poiché ingloba differenti livelli che vanno dall'esperienza di fede del credente che ascolta la rivelazione, alla riflessione teologica su quest'ultima, senza trascurare la considerazione del Cristianesimo come realtà storica rappresentata dalla Chiesa.

Ciò che, così, si struttura è, in primo luogo, un processo di autocomprensione filosofica della religione cristiana, ma è, nello stesso tempo, l'apertura di un nuovo sguardo sulla religione in genere e sulle diverse religioni in particolare, colte a partire dalla concretezza di quella cristiana.

Si dischiude, da qui, una feconda prospettiva che consente di ripensare tutti i fondamentali concetti della filosofia della religione, ma, prima di procedere in questa direzione, è necessario, innanzi tutto, approfondire brevemente il rapporto della filosofia cristiana della religione con la rivelazione, visto nella sua specificità rispetto a quello della teologia.

Iniziando da quest'ultima, si deve subito evidenziare che per la teologia la rivelazione non è qualcosa a cui essa giunge, ma che, al contrario, essa è il dato originario dal quale ogni riflessione prende avvio risultando sempre successiva e derivata.

In questa prospettiva, l'unico, reale soggetto della teologia è Dio che parla comunicando Se stesso ed il teologo inizia la sua elaborazione a partire da qualcosa che egli non ha posto, ma che gli è stata donata e che ha accolto nella fede.

Rispetto al discorso teologico, quindi, non vi sono altri presupposti oltre alla rivelazione che è la sola premessa che consente che esso si svolga muovendo dalla Parola e ritornando a questa sempre meglio assimilata e compresa.

Nel caso della teologia, dunque, a differenza della filosofia, il presupposto ed il fondamento coincidono e non vi è alcuna scienza che la preceda, evidenziando, così, il suo statuto del tutto peculiare, senza che per questo sia intaccata la validità delle sue argomentazioni.

La filosofia della religione, invece, secondo quello che si è già mostrato, giunge alla rivelazione, da essa affermata come possibile, attraverso l'analisi dell'umana struttura metafisica, costitutivamente aperta all'Assoluto, e da questo punto terminale si "supera" nella teologia che si fonda sull'accadimento reale della rivelazione storica.

In tutto questo percorso il filosofo è il soggetto che argomenta avvalendosi della propria ragione ed, in tal modo, la filosofia della religione è fondata in se stessa, pur avendo il dato della religione come suo presupposto.

Nel momento in cui la rivelazione è accolta, come si è detto, inizia da quest'ultima lo svolgimento della riflessione teologica, ma, con un movimento di progressivo approfondimento, si può anche rimanere sul piano della filosofia che ripensa il suo oggetto, cioè la religione, in questa ulteriore specificazione di religione cristiana.

Per la filosofia cristiana della religione la rivelazione diviene, così, il presupposto al quale si volge e da cui trae alimento, ma essa, come ogni filosofia, rimane fondata in se stessa e non rinnega la sua vocazione originaria ad essere una comprensione razionale della realtà, mentre risulta genuinamente cristiana nel suo tornare a ripercorrere tutto l'itinerario della filosofia della religione.

Filosofia cristiana della religione e teologia filosofica

L'ultimo passo da compiere prima di ritornare sui concetti centrali della filosofia della religione, sviluppandola a partire dall'accoglimento della rivelazione, è quello di porre in relazione la filosofia cristiana della religione, che qui si sta delineando, con la teologia filosofica, iniziando dall'analisi del rapporto che si instaura quando la prima delle due è la filosofia della religione non ulteriormente specificata come cristiana[135].

L'attenzione deve subito portarsi sul differente percorso mediante il quale le due discipline giungono alla considerazione dell'Assoluto, perché, in questo modo, appaiono nitidamente tanto la loro diversità, quanto il legame che le connette.

Per la teologia filosofica l'Assoluto è il punto di arrivo di un'articolazione di argomentazioni che risalgono dal finito all'infinito, dal contingente al necessario, dal temporale all'eterno, eliminando progressivamente tutti i limiti e tutte le imperfezioni, che caratterizzano ogni esistente dato all'esperienza mondana.

L'Assoluto che così si raggiunge trascende radicalmente non soltanto qualsiasi ente, ma anche la totalità di questi ul-

---

[135] Cfr. a questo riguardo: MOLINARO A., *Metafisica e filosofia della religione*, cit.

timi ed è al di fuori della loro concatenazione, mentre, nello stesso tempo, è il fondamento che, senza alcuna confusione, li sorregge dall'interno conferendo loro l'essere.

Si può sicuramente affermare che ciò che positivamente caratterizza tale Assoluto è la sua infinita incommensurabilità rispetto a tutto quello che esiste senza identificarsi con esso, giustificando l'inevitabile ricorso all'analogia per qualsiasi tentativo di esprimerlo mediante concetti originariamente applicabili agli esistenti finiti.

Il rapporto che, con questo procedimento, si instaura tra il soggetto e l'Assoluto è di natura esclusivamente noetica e non origina un coinvolgimento interiore che possa immediatamente tradursi in atteggiamenti del tipo di quelli che, nelle religioni, pongono in relazione con il Divino: la fede, l'adorazione e la preghiera.

La considerazione del percorso che la teologia filosofica compie per attingere l'Assoluto consente di portare lo sguardo su quello, profondamente diverso, della filosofia della religione che ha con l'Assoluto una relazione differente e peculiare.

Innanzi tutto, si deve rilevare che la filosofia della religione non incontra l'Assoluto, o il Divino, con una denominazione che qui risulta più appropriata, direttamente e che, pertanto, esso non è il suo oggetto immediato, ma le è sempre dato nella mediazione di quell'esperienza religiosa a partire dalla quale si costituisce la religione come concreto fenomeno umano e storico.

Il rapporto della filosofia della religione con il Divino, pertanto, è un rapporto derivato che si fonda su quello originario dei credenti che professano una religione in quanto affermano che essa è in grado di porre una relazione significativa con la vera realtà che trascende questo mondo empirico.

Propriamente, quindi, l'oggetto della filosofia della religione non è il Divino in se stesso, ma, appunto, tale relazione nella quale il Divino è il polo primario e l'essere umano è colui che risponde con la fede a quella sua manifestazione che può darsi nella modalità dell'illuminazione o in quella della rivelazione.

Su queste premesse, appare evidente che per la filosofia della religione il Divino non si configura come un punto di arrivo, ma che appartiene, come elemento centrale e fondante, al suo ineliminabile presupposto, cioè la religione sulla quale essa indaga con i suoi strumenti razionali.

La filosofia della religione, in tal modo, non dimostra la realtà e l'esistenza del Divino, ma inizia a lavorare muovendo da ciò che, riguardo ad esso, testimoniano i credenti che affermano di averlo incontrato nella fede.

Entrambe le discipline, teologia filosofica e filosofia della religione, sono, dunque, forme di pensiero che pongono l'Assoluto o il Divino al centro delle loro indagini, condotte con metodo rigorosamente filosofico, ma la prospettiva, come si è visto, è diversa ed è questo che conferisce a ciascuna delle due il suo statuto peculiare.

Si deve, inoltre, rilevare che tra esse è riscontrabile la possibilità di un movimento circolare che va dal Divino, presupposto dalla filosofia della religione, all'analisi dei suoi tratti, aprendo alle argomentazioni della teologia filosofica, e dalle affermazioni di quest'ultima alla ricerca del luogo in cui, di fatto e storicamente, gli esseri umani asseriscono di averlo incontrato, originando, così, l'ambito proprio della filosofia della religione.

Il movimento circolare al quale si è ora accennato apre la strada alla considerazione del rapporto con la teologia filosofica, che si stabilisce quando la filosofia della religione si riconosce esplicitamente cristiana ed accoglie come suo presupposto i contenuti della rivelazione.

In tale prospettiva, la religione che è presupposta si presenta con una sua peculiare fisionomia, che lo stesso filosofo accoglie nella fede, e, come si è già sottolineato, propone una precisa visione del Divino, Dio personale in questo caso, dell'essere umano e del mondo, specificandone chiaramente le relazioni.

L'esperienza religiosa, alla quale si è fatto precedentemente riferimento, non è qui assunta nei suoi tratti generali e condivisi da tutte le religioni, ma è l'esperienza della risposta umana a quel Dio personale che, anteriormente ad ogni altro attributo, si manifesta rivelando di essere amore infinito ed incondizionato.

Il rapporto con Dio rimane, anche per il cristiano, un rapporto verticale, data la trascendenza di Dio, che ne impedisce qualsiasi identificazione con il mondo che è Sua creatura, ma è, nella stesso tempo, un rapporto genuinamente orizzontale perché, con l'incarnazione, Dio è entrato nella storia e, nel Figlio, tutti sono diventati figli dell'unico Padre.

La rivelazione, con la quale Dio comunica Se stesso, manifesta la Sua realtà più intima, proponendo verità che la ragione, a cominciare dalla Trinità, da sola non avrebbe mai potuto conoscere, ma che, nella fede, accoglie fondando su di esse la propria adesione credente.

Da qui inizia il percorso della teologia cristiana, ma, secondo quanto si è già rilevato, può cominciare anche un ulteriore itinerario filosofico, quello appunto della teologia filosofica, chiamata a riflettere sulla coerenza e sull'incontraddittorietà tra i tratti dell'Assoluto ai quali essa autonomamente perviene e quelli rivelati da Dio stesso nella Sua Parola.

La teologia filosofica e la filosofia della religione restano, dunque, discipline distinte anche quando quest'ultima si riconosce cristiana, ma il loro rapporto acquista una rilevanza del tutto particolare che, senza intaccare la loro natura filosofica, le apre a considerazioni che consentono di approfondire e sviluppare l'idea della religione e quella di Dio.

I nuclei della filosofia della religione

Assumendo tutte le precedenti riflessioni come indispensabile premessa, è ora possibile volgersi a quelli che sono i fondamentali nuclei concettuali della filosofia della religione per vedere quale ulteriore profondità possa ad essi essere recata da una considerazione che assuma consapevolmente ed esplicitamente come suo presupposto il contenuto della fede cristiana.

Innanzi tutto, si deve rilevare che qualsiasi indagine filosofica sulla religione deve iniziare portando l'attenzione all'esperienza religiosa e ciò per due essenziali ragioni[136].

In primo luogo, solo ponendo al centro l'esperienza religiosa è possibile una filosofia della religione in quanto tale, cioè capace di raggiungere quella profondità che consente il passaggio dalla molteplicità storica delle "religioni" alla "religione" come fenomeno universalmente umano, idoneo, quindi, a costituire un oggetto adeguato per la filosofia, al di là delle ricerche storiche e fenomenologiche.

Secondariamente poi, solamente l'esperienza religiosa, rinviando alla concretezza esistenziale del sog-

---

[136] Cfr.: SALATIELLO G., L'esperienza e la grazia. L'esperienza religiosa tra filosofia e teologia, Napoli 2008.

Si cercherà qui di svolgere e di approfondire anche alcune intuizioni presenti, ma non sviluppate in tutta loro portata ed in tutte le loro implicazioni, in MAGNANI G., Filosofia della religione, Roma 1982.

getto che sperimenta, assicura contro il rischio di affermazioni astratte che non trovano riscontro nel vissuto di coloro che si professano credenti, dichiarando la loro appartenenza ad una religione.

Prendendo, quindi, avvio dall'indagine filosofica sull'esperienza religiosa, si deve, innanzi tutto, rilevare che, per poterne affermare l'esistenza, è necessario muovere da un'antropologia metafisica che, come quella tratteggiata nella prima parte sulla scorta di Rahner, riconosca nel soggetto un'apertura trascendentale al di là di ogni singolo ente finito e protesa verso un orizzonte illimitato che trascende tutti gli oggetti che sono sperimentati.

È qui posto in discussione lo stesso concetto di esperienza, perché, se esso è riduttivamente identificato con quello di semplice esperienza empirica, è evidente che non rimane alcuna possibilità di sostenere l'esistenza di un'esperienza religiosa e quest'ultima diviene un epifenomeno di altri ambiti esperienziali.

D'altra parte, volendo negare la realtà dell'esperienza religiosa, si renderebbero incomprensibili e privi di senso tutti quei vissuti che, lungo la storia, hanno sempre rivelato negli esseri umani una continua ansia di andare oltre rispetto alla fattualità mondana e, in questi termini, le indagini della filosofia della religione appaiono strettamente correlate a quelle della fenomenologia storico-comparata della religione, dalle quali ricevono supporto e conferma.

In stretta connessione con quanto si è appena affermato, si deve rilevare che l'esperienza religiosa è vissuta come «quella di una presenza che si impone»[137] e ciò ha immediatamente due implicazioni cruciali, perché, in

---

[137] SALATIELLO G., *L'esperienza e la grazia. L'esperienza religiosa tra filosofia e teologia*, cit., p. 57.

primo luogo, da parte del soggetto che sperimenta, è attribuito ad essa un carattere di piena realtà e di assoluta obiettività, escludendo qualsiasi possibilità di una sua riduzione ad un puro fatto intrapsichico.

In seconda istanza, poi, come ora si sottolineerà, resta, in tal modo, esclusa ogni attività soggettiva nel porre l'oggetto dell'esperienza, che non è identificabile con alcun prodotto riconducibile a qualche iniziativa umana.

Prima, però, di proseguire nell'analisi dei tratti essenziali dell'esperienza religiosa, se ne deve evidenziare una nota che la distingue radicalmente da tutte le altre esperienze, ovvero quella di essere un'esperienza immediata che si realizza sempre nella mediazione, poiché il Divino è sperimentato attraverso un ente finito che media rinviando oltre se stesso, ponendo, per questa via, le indispensabili premesse per il cruciale discorso sul simbolo religioso[138].

Tornando a ciò che caratterizza intrinsecamente l'esperienza religiosa, è necessario riprendere l'esclusione di un'iniziale attività del soggetto per evidenziare che, anzi, quest'ultimo si sperimenta come colui che, in un atteggiamento di passiva accoglienza, è, in qualche modo, "interpellato" da una realtà che lo trascende e lo avvolge nello stesso tempo, conferendo all'atto umano il significato di una risposta.

L'esperienza religiosa, pertanto, in quanto vissuta come incrocio di due atti, quello originante del Divino e quello responsoriale del credente, possiede già per questo

---

[138] RAHNER K., *Corso fondamentale sulla fede*, cit., p. 119: «mediazione e immediatezza non sono due concetti semplicemente opposti; esiste una genuina mediazione al contatto immediato nei confronti di Dio».

un carattere strutturalmente dinamico che successivamente si palesa sempre più chiaramente, dando l'avvio a
quello che le religioni interpretano come un cammino di
progressivo approfondimento dell'iniziale contatto.

Tale processo, che porta dal primo incontro con il Divino ad uno sperimentare che non ha un termine definito
nell'arco dell'esistenza, è caratterizzato dalla globalità e
dalla complessità perché non coinvolge solo alcune dimensioni soggettive, ma tutta l'interiorità ed ogni atteggiamento e comportamento, conferendo un orientamento
unitario e globale, dal quale nulla di ciò che è vissuto
resta escluso.

Si deve, infine, sottolineare che la precedente affermazione dell'impossibilità di ridurre l'esperienza religiosa ad altri ambiti esperienziali riceve la sua piena
conferma nel momento in cui se ne coglie il fondamento
nell'originaria apertura all'Assoluto, che, non solo non
deriva da altre singole esperienze, ma, al contrario, ne
rappresenta la condizione di possibilità.

Pur nel pieno riconoscimento delle peculiarità di ciascuna religione storica e concreta, quelli ora evidenziati
appaiono come tratti caratterizzanti, sebbene con intensità e sfumature diverse, quell'esperienza religiosa che,
come si detto, costituisce il nucleo della religione, e,
quindi, l'ineliminabile presupposto dell'indagine filosofica su di essa[139].

* * * * * *

---

[139] MAGNANI G., *Filosofia della religione*, cit., p. 133: «La
conclusione ultima è una rivalutazione della esperienza religiosa
originaria: in essa ciascuno può rivivere, se ce l'ha, la esperienza
della sua religione con nuovo spirito».

Ritornando alla basilare affermazione che la religione, nella sua umana e storica concretezza, è l'unico, ineliminabile presupposto della filosofia della religione, è possibile effettuare un ulteriore passo presupponendo all'indagine filosofica quello che, sulla base della rivelazione cristiana, si può dire riguardo alla religione.

Considerando, innanzi tutto, il soggetto credente, di cui si è evidenziata la fondamentale apertura all'Assoluto, cioè la sua spiritualità, la rivelazione lo presenta come l'unico esistente che, pur nei suoi limiti e nella sua finitezza, è, tuttavia, "imago Dei", ovvero posto in una relazione del tutto peculiare con Dio e recante in sé l'immagine di quello che a Lui è proprio e che è trascendente rispetto al mondo materiale.

L'apertura, in questi termini, non è, in alcun modo, l'esito di un soggettivo tendere, ma è la traccia impressa dal Creatore, che abilita ad orientarsi verso di Lui, in un dinamismo capace di andare oltre rispetto ad ogni ente finito.

L'obiettività e la realtà attribuite dal credente all'esperienza religiosa che egli vive, poi, risultano confermate e rafforzate quando il Divino è visto come Dio personale, capace, quindi, di volgersi all'essere umano e di interpellarlo, e in questo il Cristianesimo condivide con l'Ebraismo e con l'Islam un nucleo centrale della propria fede.

Per il cristiano, tuttavia, Dio non solo è persona, ma possiede una natura tripersonale e, incarnandosi, la seconda delle tre Persone divine ha assunto la condizione umana rendendo possibile un rapporto che, senza togliere nulla alla trascendenza divina, si configura come una relazione interpersonale nella quale la chiamata e la risposta sono quelle di un "io" e di un "tu".

Con l'incarnazione, inoltre, è possibile effettuare una lettura del tutto nuova del simbolismo religioso, già prefigurata dalle parole di Dio dell'Antico Testamento, perché il Verbo incarnato rinvia al di là di Se stesso, cioè al Padre, ed in questo senso ha il significato del simbolo, ma, d'altra parte, è Dio Egli stesso e, dunque, la presenza di Dio in Lui non è offerta soltanto simbolicamente, ma in modo assolutamente reale.

Si apre qui lo spazio per una nuova indagine sul simbolo, che, tratteggiata da Rahner proponendo un'ontologia della realtà del simbolo ed una teologia della realtà del simbolo e muovendo da premesse rigorosamente tomiste, apre la strada ad una più profonda e rigorosa comprensione dell'affermazione «Che il Logos incarnato è il simbolo assoluto di Dio nel mondo, insuperabilmente ripieno della realtà simbolizzata»[140].

Anche il concetto, ineliminabile dalla religione, di mediazione è qui conservato, ma intrinsecamente trasformato poiché essa non è più qualcosa che si interpone tra l'essere umano e Dio, ma è Dio stesso che, attraverso Se stesso, con la mediazione universale del Figlio incarnato, apre la via verso il Suo insondabile mistero.

Proprio l'Incarnazione, d'altra parte, conferisce un significato del tutto nuovo a quel dinamismo che, come si è visto, inerisce ad ogni autentica esperienza religiosa, in quanto, esso diviene concretamente sequela di Qualcuno che è entrato nella storia ed indica un cammino di cui Lui stesso ha tracciato il percorso.

Analogamente al simbolo, anche il concetto del sacro, centrale per qualsiasi indagine filosofica sulla religione, ac-

---

[140] RAHNER K., *Teologia del simbolo*, in ID., *Teologia del Cuore di Cristo*, Roma 2003, pp. 171-201, p. 185.

quista un diverso significato perché, se, da una parte, continua ad indicare i luoghi e gli atti propriamente religiosi, dall'altra, può involgere tutto il mondo ed i suoi esistenti, l'essere umano in particolare, che, se pur desacralizzati in se stessi, essendo solo creature, sono, però, santificati dalla presenza, in mezzo ad essi, del Verbo fatto Uomo.

La filosofia della religione, infine, non può non prestare una particolare attenzione al linguaggio con cui l'originaria esperienza religiosa è portata ad espressione e diviene comunicabile, seppure in modo sempre inadeguato rispetto al concreto sperimentare.

Nei monoteismi (Ebraismo, Islam e Cristianesimo), tuttavia, la parola umana non è mai un inizio assoluto poiché è preceduta dalla parola che Dio stesso, rivelandosi, rivolge all'essere umano, convocando la comunità dei credenti che si raccolgono intorno ad essa.

Nell'Ebraismo e nell'Islam l'ascolto della parola di Dio è mediato dal profeta che la profferisce sottolineandone l'origine divina che va al di là della sua persona, togliendo a questa qualsiasi potere nei riguardi dell'annuncio che porta.

Nel Cristianesimo, invece, scompare qualsiasi mediazione puramente umana e la parola di Dio diviene Parola nella quale il contenuto annunciato è inseparabile da Colui che annuncia, in un intreccio del tutto singolare tra trascendenza e concreta immanenza inserita nella storia.

Da qui si dischiude una nuova possibilità di lettura del linguaggio religioso, che chiama in causa, prima di tutto, lo stesso Cristianesimo, ma che, poi, può estendersi al più vasto contesto delle religioni per indagare se in esse sia possibile rinvenire traccia della parola pronunciata da Dio, creando, in tal modo, un intimo collegamento tra le indagini della filosofia cristiana della religione e quelle della teologia delle religioni, sulla base di un'attenta riconsiderazione dei dati offerti dalla fenomenologia storico-comparata della religione[141].

Filosofia cristiana della religione e teologia

Nella prima parte di questo studio, seguendo il percorso di Rahner, si è analizzato il rapporto esistente tra la filosofia della religione e la teologia ed ora è necessario tornare su tale rapporto per vedere quale configurazione esso assuma quando la filosofia della religione si riconosce come consapevolmente ed esplicitamente cristiana.

In precedenza, considerando la relazione tra la filosofia della religione e la fede cristiana, fondata sulla rivelazione in Gesù Cristo, che, sulla base dell'analisi dell'umana struttura metafisica, risulta non contraddittoria con le esigenze costitutive del soggetto, si è anche portato l'attenzione sulla differente posizione che, rispetto alla rivelazione, assumono l'indagine filosofica e quella teologica.

Tutta la questione deve ora essere ripresa in esame, muovendo dalla distinzione rilevata tra il presupposto ed il fondamento di una disciplina, per vedere come la filosofia cristiana della religione si collochi rispetto alla teologia.

La prima osservazione da effettuare riguarda il presupposto, perché quando la filosofia della religione è filosofia cristiana il suo presupposto e quello della teologia coincidono in quanto entrambe iniziano il loro percorso assumendo il dato della rivelazione storica, ovvero il fatto che Dio, nel Suo Figlio Gesù Cristo che è la Sua stessa Parola, ha parlato all'essere umano.

---

[141] Cfr.: PATSCH F., *Metafisica e religioni:strutturazioni proficue. Una teologia delle religioni sulla base dell'ermeneutica di Karl Rahner*, Roma 2011.

Per la filosofia cristiana della religione, infatti, come si è visto, il concetto di religione, nel suo significato di fenomeno universalmente umano, è letto alla luce di quello che, rispetto ad essa, è attestato dalla fede cristiana che non annulla o ignora le altre forme di esperienza religiosa, ma, al contrario, consente di coglierne la massima profondità.

La filosofia cristiana della religione e la teologia, dunque, condividono il medesimo presupposto, ma la specificità di ciascuna di esse emerge non appena si prenda in considerazione il rispettivo fondamento che per la teologia coincide con lo stesso presupposto, poiché essa è e rimane fondata esclusivamente sulla Parola di Dio.

La filosofia della religione, invece, anche quando rivendica il suo carattere cristiano, non cessa di essere filosofia e, pertanto, il pensiero, come già rilevato, ha il suo fondamento in se stesso e nel suo procedimento rigorosamente razionale.

La differenza del fondamento, d'altra parte, è strettamente connessa a quella, precedentemente sottolineata, del soggetto, dal momento che, per la teologia, l'ultimo, intrascendibile soggetto è Dio che si rivela, mentre, per la filosofia cristiana della religione, il filosofo è colui che, in piena autonomia, svolge le sue argomentazioni.

D'altra parte, nel caso della filosofia cristiana della religione, la ragione filosofica può aprirsi oltre se stessa, in quanto muove da un presupposto che, senza minimamente negarla o contraddirla, dischiude orizzonti di senso che non risulterebbero direttamente ed immediatamente accessibili alle sue capacità speculative[142].

---

[142] GIOVANNI PAOLO II, Lettera enciclica *Fides et ratio*, 1998, n. 76: «La Rivelazione propone chiaramente alcune verità che,

Quest'ultima osservazione, valida per qualsiasi ambito della filosofia cristiana, acquista un significato ed un rilievo del tutto particolari quando l'oggetto dell'indagine è la religione, in quanto la rivelazione può mostrarne l'ultima origine nell'umana apertura all'Assoluto e, prima ancora, nell'universale volontà salvifica di Dio, che, mediante Gesù Cristo, si estende a tutta l'umanità.

Risulta, così, chiaramente che la distinzione tra la filosofia e la teologia non è abolita quando la prima delle due si configura come filosofia cristiana della religione, ma è, tuttavia, evidente che, in questo caso, esiste tra la due discipline uno stretto intreccio e la possibilità di una feconda collaborazione, che si manifestano in tutta la loro portata quando la teologia, a partire dalla parola di Dio, intende riflettere sulle religioni del mondo nel piano divino di salvezza per il genere umano.

---

pur non essendo naturalmente inaccessibili alla ragione, forse non sarebbero mai state da essa scoperte, se fosse stata abbandonata a se stessa».

CAPITOLO 2

IL CRISTIANESIMO E LE RELIGIONI

Dopo aver individuato, nel capitolo precedente, le linee essenziali di una filosofia della religione che assuma la fede cristiana come suo presupposto, è ora possibile portare lo sguardo, a partire da questo stesso presupposto, sulle altre religioni che, nella loro concretezza storica, sono il dato dalla cui considerazione la riflessione filosofica prende avvio per la sua indagine sul fatto religioso nel suo significato universalmente umano che scaturisce dal momento originario dell'esperienza religiosa.

Filosofia della religione e filosofia cristiana della/e religione/i

La tensione polare che sussiste tra l'universalità della religione ed il riconoscimento, oggi particolarmente vivo, della molteplicità delle religioni, è all'origine di un acceso dibattito sullo statuto e sulla stessa denominazione della disciplina in esame e che si articola intorno a due posizioni che vedono, da un lato, i fautori della dizione "filosofia della religione" e, dall'altro, coloro che propendono per "filosofia delle religioni"[143].

---

[143] Sul dibattito in corso cfr.: AGUTI A., *Filosofia della religione*, Brescia 2013, pp. 51-65. Riguardo alla seconda, più recente, posizione, può essere emblematicamente considerato: FABRIS A., *Filosofia delle religioni*, Roma 2012.

La questione del nome, nonostante le apparenze, è tutt'altro che secondaria ed irrilevante poiché la scelta implica una precisa presa posizione sia riguardo all'oggetto, sia in riferimento all'obiettivo da perseguire, il tutto, poi, coinvolgendo anche una specifica concezione dello stesso procedimento filosofico.

Alla base dell'opzione per "filosofia della religione" vi è la convinzione che la filosofia, come scienza dell'universale, pur dovendo necessariamente muovere dall'indagine sulla molteplicità dei dati, ovvero dal particolare, non possa rinunciare a pervenire a quel nucleo essenziale che permette di andare oltre rispetto al piano della rilevazione empirica, consentendo che si riesca, seppure in forma analogica, a parlare di "religione" nonostante le differenze, anche radicali, esistenti tra le "religioni".

La preferenza accordata a "filosofia delle religioni", pur nella diversità di singole posizioni, scaturisce, invece, dalla preoccupazione di rispettare, sul piano del pensiero, l'irriducibilità delle "religioni", con l'intenzione di allontanare ogni sospetto di non riconoscimento della peculiarità e della dignità di ciascuna di esse.

Sebbene ognuno degli schieramenti ora menzionati faccia leva su motivazioni sicuramente valide, si ritiene che, mettendo per ora tra parentesi il carattere cristiano di un'eventuale ricerca, sia necessario optare per la denominazione che assume religione al singolare, sia in considerazione dell'oggetto, la religione appunto, sia con l'attenzione alla natura del procedimento filosofico.

Presupponendo, infatti, la relazionalità della religione, che apre il soggetto all'Assoluto, si deve sottoscrivere che «Tutte le «religioni» positive sono religione solo se riescono veramente a stabilire questo legame esistenziale dell'uomo col Dio vivente»[144], pur nella varia molteplicità di credenze, culti e forme istituzionalizzate.

Si accoglie, inoltre, l'esigenza prima sottolineata riguardo al procedimento filosofico che non può arrestarsi alla constatazione del molteplice, ma deve mirare alla struttura, cioè a ciò che permette di parlare di religione di fronte alle evidenti differenze ora ricordate, senza che questo comporti alcuna forma di "violenza" verso le singole religioni positive, né tanto meno la volontà egemone di una di esse sulle altre.

Togliendo adesso la parentesi tra cui si era messo il carattere cristiano dell'indagine filosofica sulla religione, si può constatare che, in questo caso, il discorso diviene molto più articolato e consente di utilizzare, nella denominazione della disciplina, sia il singolare "religione", che il plurale "religioni".

Riguardo al singolare, la legittimità di questo uso è una diretta conseguenza di quanto è emerso nel capitolo precedente in cui si è rilevato che l'assunzione della religione cristiana come presupposto conferisce allo sguardo del filosofo una profondità sicuramente maggiore a proposito del fatto religioso, ma non elimina, in alcun modo, quella che è la peculiarità della filosofia che, fondata in se stessa, mira a cogliere l'essenza dei fenomeni sui quali indaga.

D'altra parte, però, si visto anche che l'accoglimento della rivelazione cristiana come presupposto della ricerca filosofica, proprio perché illumina di luce nuova la natura di quella relazione tra il soggetto e l'Assoluto,

---

[144] RAHNER K., *Uditori della parola*, cit., p. 217.

che è la religione, consente una lettura più penetrante dei due termini coinvolti nel rapporto.

Il cristianesimo, infatti, come fede in un Dio incarnato riesce ad andare al di là di ogni artificiosa frattura tra universale e particolare e questo dispone a saper cogliere gli elementi di vera relazione con l'Assoluto che ogni religione particolare contiene in sé.

L'indagine filosofica, in tal modo, può volgersi ad ogni singola religione storica, considerandola nel quadro dell'universale volontà salvifica di Dio in Gesù Cristo, mostrando, pur nella peculiarità del suo fondamento e del suo metodo, una innegabile convergenza con le riflessioni della teologia cristiana delle religioni.

Tale convergenza, per la sua rilevanza, dovrà essere successivamente considerata, ma prima è necessario volgere l'attenzione agli strumenti che consentono alla filosofia cristiana di conoscere da vicino le religioni del mondo e, a tal fine, ci si accosterà all'ambito dell'indagine fenomenologica sulle religioni, ovvero di quegli studi che si occupano delle religioni nella loro concretezza storica, senza, però, fermarsi alla pura rilevazione dei dati empirici, ma cercando di penetrarne il senso e la realtà più profonda[145].

Filosofia cristiana e fenomenologia della religione

Alla base di qualsiasi ricerca filosofica sulla religione vi è l'ovvia constatazione che, essendo le religioni dei fenomeni storici, il punto di partenza deve necessariamente essere costituito dalla storia che esamina ciascuna religione nella sua individualità, servendosi di precisi metodi di ricerca e di accertamento dei dati.

---

[145] Cfr.: MAGNANI G., *Storia comparata delle religioni. Principi fenomenologici*, Assisi 1999.

Su questa imprescindibile premessa, poi, come secondo momento, si articolano le indagini di storia comparata, volte a rinvenire, pur nel rispetto della peculiarità di ogni religione, i tratti comuni, simili anche se non identici, che consentono di accostare tra di loro determinate religioni, ponendole anche in relazione con i contesti storici e socio-culturali nei quali esistono.

La fenomenologia storico-comparata della religione si inserisce in questo preciso punto in cui le rilevazioni della storia comparata hanno consentito di delineare un quadro il più completo possibile del fenomeno religioso nella storia dell'umanità e, come già indica il singolare "religione" nella sua denominazione, ha lo scopo di pervenire ad un ulteriore livello di approfondimento e, quindi, di comprensione.

Tale comprensione rappresenta l'obiettivo ultimo dell'indagine fenomenologica che, come «deve **prescindere da ogni a-priori** interpretativo psico-sociologico o filosofico o teologico non derivato dalla «cosa stessa»»[146], così non intende pervenire alla formulazione di giudizi circa il valore o la verità riguardo alle religioni.

Tale obiettivo ultimo della fenomenologia storico-comparata le conferisce la sua peculiare fisionomia di "ponte" tra le scienze empiriche che si occupano del fatto religioso e le riflessioni della filosofia e della teologia, alle quali fornisce il materiale, non soltanto raccolto ed analizzato, ma già penetrato da uno sguardo rigorosamente volto a coglierne il senso e l'articolazione interna[147].

La fenomenologia storico-comparata, pertanto, si situa nell'ambito delle discipline empiriche, ma è già

---

[146] Ibidem, p. 8.
[147] Ibidem, pp. 150-151.

strutturata dal suo interno verso il superamento di questo livello che è imprescindibile, ma che non può essere risolutivo per accostarsi alla religione.

Questi ultimi rilievi chiariscono subito che, nonostante l'identica denominazione di fenomenologia, quella storico-comparata si differenzia radicalmente da quella filosofica di Husserl per i suoi presupposti, per il metodo e, soprattutto, per l'obiettivo perseguito.

Se lo scopo della presente trattazione fosse quello di offrire un quadro delle diverse posizioni a partire dalle quali ci si accosta al fatto religioso, sarebbe sicuramente interessante offrire una panoramica estendendo lo sguardo anche ad altri autori, primi tra i quali Otto, Eliade e Ricoeur, ma, invece, qui si cerca di delineare il rapporto della filosofia cristiana della religione con la fenomenologia storico-comparata che può fornire alla prima un indispensabile supporto per lo studio delle religioni nella loro concretezza storica[148].

Queste ultime considerazioni concorrono, a questo punto, a delineare più da vicino la fisionomia della filosofia cristiana della religione, perché, se essa ha come essenziale presupposto la fede cristiana, deve, d'altra parte, proprio a partire da questa stessa fede, tendere ad una comprensione delle altre religioni il più possibile aderente alla loro realtà, senza alcun pregiudizio.

In tale prospettiva, il primo, essenziale contributo dell'indagine fenomenologica è quello di pervenire, attraverso un'attenta comparazione, ad individuare ciò che può essere realmente definito come "religioso", distinguendolo da altri ambiti dell'esistenza individuale e collettiva,

---

[148] Cfr.: Ibidem, pp. 16-17 e 172-173.

pur nella consapevolezza che tale denominazione non è univocamente determinabile poiché in taluni contesti comprende anche aspetti che in altri ne restano esclusi[149].

È evidente che l'uso del concetto "religioso", come del resto di tutti gli altri dei quali la fenomenologia si avvale, deve essere rigorosamente analogo, escludendo qualsiasi univocità che riconduca ad un unico prototipo fenomeni che sono indubbiamente simili, ma mai identici, presentando sempre una propria originale fisionomia.

L'analogia, in questo caso, è ovviamente, quella di proporzionalità e non di attribuzione che impedirebbe di cogliere quell'originalità alla quale ci si è ora riferiti e che le similitudini non devono mai occultare[150].

Gli ultimi rilevi ora effettuati riveleranno tutta loro capitale importanza quando si opererà un accostamento tra la filosofia cristiana della religione e la teologia delle religioni, ma già adesso è significativo aver sgombrato il campo dal timore che l'attenzione alle analogie esistenti tra le religioni possa condurre ad un loro livellamento che sarebbe in palese contraddizione con il presupposto della filosofia cristiana.

Si comprende, così, sulla base delle precisazioni precedenti, come la fenomenologia storico-comparata possa pervenire ad una definizione che fondi e giustifichi l'uso del singolare "religione": «**la religione è il modo concreto in cui si esprime nella vita di una collettività umana**

---

[149] Ibidem, p. 161: «l'uso già autorizza a tralasciare come punti di partenza quei fenomeni culturali di cui si resta incerti se si tratti veramente di fenomeni religiosi».

[150] Ibidem, p, 174: «a tutte le religioni storiche conviene, analogicamente, la nozione di religione. Non ce n'é una che come tale sia la religione «norma».

e del singolo che ne fa parte il rapporto salvifico dell'uomo con quella che percepisce come Realtà Ultima, Trascendente la sua situazione empirica»[151].

Tale definizione intende, però, essere solamente descrittiva ed allontanare da sé ogni pretesa di normatività, presentandosi, soprattutto, come uno "strumento di lavoro" per lo studio dei fenomeni religiosi.

Si ritrova qui, come nel paragrafo precedente, l'ineliminabile tensione tra il plurale ed il singolare che si pone, per la fenomenologia, come l'obiettivo da raggiungere, ma che non può mai essere presupposto aprioristicamente prescindendo dalla storicità concreta delle religioni.

Filosofia cristiana della religione e teologia delle religioni

Già in precedenza, trattando della filosofia cristiana della religione, è stata menzionata la teologia delle religioni ed ora appare necessario soffermarsi brevemente su quest'ultima per due ragioni che sono tra loro intimamente connesse e che, quindi, possono essere affrontate con un'unica, articolata riflessione.

In primo luogo, è indispensabile dissipare ogni possibile equivoco circa la natura e, di conseguenza, la distinzione tra i due ambiti che hanno certamente dei significativi punti di contatto, ma che non possono essere, in alcun modo, confusi e, secondariamente, deve essere considerato l'apporto che la filosofia cristiana della religione, nella sua specificità e nella sua autonomia, può recare alla teologia delle religioni.

Evidentemente non è questa la sede per uno studio approfondito della storia e delle problematiche della teo-

---

[151] Ibidem, p. 160.

logia delle religioni, che, nel suo assetto attuale, è una disciplina recente, ma, tuttavia, sono necessari alcuni cenni che consentano, poi, di delineare la relazione con la filosofia cristiana della religione.

Si deve, innanzi tutto, sottolineare che, sebbene l'attenzione alle altre religioni ed al loro valore circa la salvezza e la verità non sia stata assente neppure nel passato, la centralità di questi temi emerge chiaramente con il Concilio Vaticano II e con le sue decise affermazioni al riguardo, che raccolgono istanze e studi sempre più diffusi in ambito cattolico.

Durante il periodo post-conciliare ed in particolare con il pontificato di Giovanni Paolo II la riflessione sulle religioni riceve nuovo impulso, anche sotto la spinta del sempre più diffuso pluralismo culturale e religioso che induce l'esigenza di ricerche approfondite e puntuali.

Una pietra miliare di questo percorso è rappresentata dalla Dichiarazione della Congregazione per la Dottrina della Fede *Dominus Iesus* (2000), che muove dalla consapevolezza della presenza di un ampio ventaglio di posizioni, per molte delle quali si sottolinea l'incompa-tibilità con la dottrina e la tradizione della fede cristiana[152].

La ricezione di questo documento è, a sua volta, un'altra tappa di questa storia e vede, da una parte, lo sviluppo di nuove indagini e, dall'altra, l'acutizzarsi di polemiche incentrate per lo più sul significato dell'odierno pluralismo religioso.

---

[152] Cfr.: CONGREGAZIONE PER LA DOTTRINA DELLA FEDE, Dichiarazione *Dominus Iesus. Documenti e studi.*, Città del Vaticano 2002, che raccoglie, oltre al testo della Dichiarazione, vari saggi che fanno il punto sulle principali questioni implicate.

Alla storia della teologia delle religioni è strettamente intrecciato il dibattito, al quale si è ora accennato, tra differenti posizioni che si interrogano sulla pluralità delle religioni in rapporto a quelle che sono affermazioni irrinunciabili della fede cristiana, quali, prime tra tutte, l'unicità e l'universalità di Gesù Cristo, l'unità dell'economia del Verbo incarnato e dello Spirito Santo, il ruolo della Chiesa ed il suo rapporto con il Regno di Dio ed il Regno di Cristo.

La molteplicità delle visioni proposte è difficilmente sintetizzabile, ma, tuttavia, possono essere individuati alcuni nuclei intorno ai quali raggruppare differenti letture dei temi ora ricordati, con la consapevolezza, però, che tali nuclei, a loro volta, si articolano incrociandosi con altri cruciali concetti[153].

Dall'esclusivismo, predominante nel passato, all'inclusivismo, di cui Rahner è sicuramente uno dei più lucidi assertori, fino al pluralismo, nelle sue versioni più o meno radicali che giungono anche ad esiti qualificabili come post-cristiani, vi è una stretta interazione con altre categorie e chiavi interpretative, che origina il prevalere di concezioni ecclesiocentriche, teocentriche o cristocentriche.

In questo quadro così complesso ed articolato, le analisi e le acquisizioni del terzo capitolo della prima parte inducono ad assumere come valido punto di riferimento quello che, sulla scorta di Rahner, può, in estrema sintesi, essere indicato come inclusivismo cristocentrico, ovvero una considerazione teologica delle religioni incentrata su Cristo

---

[153] Cfr.: M. Dhavamony, *Teologia delle religioni. Riflessione sistematica per una comprensione cristiana delle religioni*, Cinisello Balsamo (Mi) 1997; M. Naro (ed.), *La* teologia *delle religioni oltre l'istanza apologetica*, Roma 2013.

come unico criterio di discernimento ed aperta al riconoscimento di ciò che di positivo vi è nelle altre religioni.

È ora possibile, sulla base di quanto si è accennato, considerare il rapporto tra la filosofia cristiana della religione, e in questo caso è opportuno ricordare anche il plurale "religioni", e la teologia delle religioni per evidenziare la loro distinzione e, nello stesso tempo, il contributo che la prima può fornire a quest'ultima.

Nel capitolo precedente si è esaminato il rapporto tra la filosofia cristiana della religione e la teologia e tutte le considerazioni là svolte risultano pertinenti anche quando la teologia si occupa delle religioni, ma, in tale occasione, la relazione è molto più stretta perché l'oggetto delle due discipline è il medesimo, ovvero la concretizzazione storica dell'umana apertura all'Assoluto, mossa dalla grazia divina.

Anche il presupposto, come già indicato, è lo stesso, mentre, pur volgendosi la teologia alle religioni, il suo fondamento rimane sempre la parola di Dio, accolta nella fede, mentre la filosofia continua a fondarsi sul procedimento della ragione.

La radicale distinzione del fondamento consente, in tal modo, che ognuna delle due discipline conservi la sua autonomia ed una ben definita fisionomia, mentre la convergenza, non solo nel presupposto, ma anche nell'oggetto, fa intravedere la possibilità di un arricchimento che la filosofia può portare alla teologia e che ora deve essere rilevato.

In realtà, questo tema è già affiorato nelle pagine precedenti ed ora deve essere solo ripreso e puntualizzato, muovendo da quel presupposto che caratterizza la filosofia cristiana della religione rispetto ad altre riflessioni filosofiche sulla religione.

Assumendo, infatti, come suo presupposto quello che la rivelazione attesta circa il rapporto dell'essere umano con Dio, la filosofia cristiana dispone di un punto di riferimento per leggere, al massimo livello di profondità, le altre esperienze religiose, delle quali può affiorare un significato che, nell'assoluto rispetto della loro peculiarità, riceve nuova luce sulla base di quello che la fede cristiana afferma circa la chiamata universale alla relazione con Dio in Cristo.

L'obiettivo ultimo di qualsiasi filosofia della religione che non voglia essere puramente descrittiva, cioè quello di cogliere l'essenza analoga delle religioni, è, in tal modo, perseguito a partire dall'accoglimento di una religione, quella cristiana, che non si propone, in alcun modo, come riassuntiva delle altre, ma che offre una visione capace di penetrare nella specificità delle differenti religioni disponendo di un criterio che illumina senza, però, volersi porre come egemone.

L'evento Cristo, nel suo singolare carattere di universalità e particolarità, permette cioè di accostare quest'ultima, così come è presente nelle religioni del mondo, per rintracciare in ciascuna di esse quell'universalità che è la volontà divina di farsi conoscere e di salvare.

La teologia delle religioni può, in questo quadro, accostarsi alle religioni avvalendosi di un concetto di religione analogo ed articolato, quello che, appunto, ha elaborato la filosofia cristiana della religione, per poi comprenderle tornando sempre a quella parola di Dio che è il suo unico presupposto e fondamento.

* * * * * *

Al termine delle riflessioni svolte risulta chiaro perché quell'inclusivismo cristocentrico al quale si è fatto riferimento riguardo alla teologia delle religioni, indicando in Rahner l'assertore di una compiuta proposta, possa essere anche assunto come ulteriore specificazione del presupposto della filosofia cristiana della religione, pur conservando quest'ultima la sua distinzione ed autonomia dalla teologia[154].

Tale presupposto, infatti, non comporta alcuna volontà della filosofia cristiana di sovrapporre le sue affermazioni ai contenuti delle altre religioni, ma offre la possibilità di una lettura in profondità delle loro visioni del mondo, del soggetto e del rapporto con il Divino, muovendo dalla consapevolezza che «Questo rapporto di Dio con tutti gli uomini è fondamentalmente unico e sempre identico, perché poggia sull'incarnazione, sulla morte e risurrezione dell'unico Verbo di Dio fatto carne»[155].

La filosofia cristiana della religione, in questo modo, trova un suo preciso spazio tra le indagini fenomenologiche e le ricerche teologiche e diviene lo strumento per la comprensione di qualsiasi particolarità a partire dall'assoluta concretezza del suo presupposto.

Si aprono da qui altre prospettive per sviluppare nuove analisi in quegli ambiti del fatto religioso nei quali l'attenzione a ciò che è particolare non può essere disgiunta dall'esigenza di rintracciare in esso quello che, in quanto umano, è sempre pienamente universale.

---

[154] Cfr.: RAHNER K., *Cristianesimo e religioni non cristiane*, in ID., «Saggi di antropologia soprannaturale», 1969, pp. 533-571.
[155] Ibidem, p. 53.

APPENDICE PARTE SECONDA

Esperienza religiosa e indagine filosofica*

Ricerca sull'esperienza umana

L'esperienza religiosa è il riferimento imprescindibile di qualsiasi analisi che, muovendo dalla molteplicità delle religioni storiche, cioè dal plurale, voglia giungere a cogliere la *religione* al singolare, ovvero il nucleo ultimo e irriducibile che consente di caratterizzare un fenomeno come religioso.

Nell'esperienza religiosa, infatti, è riscontrabile tanto quello che è riconducibile alla storicità del particolare contesto in cui essa è vissuta, quanto ciò che scaturisce direttamente e immediatamente dalla struttura del soggetto che sperimenta, consentendo così di evidenziare, al di sotto delle diversità, la ragione profonda delle analogie esistenti tra le singole esperienze.

Tale analisi, tuttavia, non può costituire il primo passo dell'indagine perché, affinché essa sia possibile, devono preliminarmente essere chiariti il significato e l'ampiezza del concetto stesso di esperienza che, nelle sue interpretazioni riduttive, non lascerebbe alcuno spazio per la dimensione religiosa.

---

* In Spiris S.-Valentini T. (a cura di), *Allargare gli orizzonti della razionalità. Prospettive per la* filosofia, Roma 2010, pp. 291-297.

Si delinea qui, in relazione a questa esigenza di chiarificazione, un primo compito per la ricerca filosofica che può far affiorare la complessità dell'esperienza che, nonostante la sua immediatezza, coinvolge l'intera soggettività in un atto nel quale ad un'iniziale ricettività fa riscontro un'attiva risposta in cui interagiscono la sensibilità ed il pensiero che rende possibile l'interpretazione dell'esperienza medesima[156].

L'interpretazione, d'altra parte, entra a far parte dell'esperienza stessa, avviando un processo nel quale vi è simultaneamente esperienza di un contenuto che si offre e del modo in cui, reagendo ad esso, lo si interpreta, rendendolo un'acquisizione inscindibile del proprio vissuto[157].

L'esperienza come struttura dinamica

Nel momento in cui l'esperienza rivela la sua complessità, si manifesta anche il suo carattere di struttura intrinsecamente dinamica, poiché è proprio dello sperimentare umano il suo non essere circoscritto entro i limiti dell'ambiente immediatamente dato, mediante un continuo superamento capace di oltrepassare ogni singolo contenuto.

In tal modo, si configura quello che, distinto dall'ambiente, è il mondo peculiarmente umano che non è mai integralmente presupposto all'esperienza di esso, ma che

---

[156] Lotz Johannes B., *Esperienza trascendentale*, Milano 1993, p. 19: «La piena costituzione dell'esperienza implica, insieme alla ricettività, la *spontaneità*, ed è perciò qualcosa di composto».

[157] Ibidem: «Ciò che è intuito sensibilmente viene già sempre *interpretato* nell'esperienza, spiegato o chiarito mediante l'interpretazione».

si costituisce nel momento in cui, sperimentando, il soggetto si apre alla comprensione attiva della realtà[158].

Questo processo dinamico di interazione ha un'ampiezza che è la stessa di quella dell'esistenza che in se stessa è l'indefinita possibilità di nuove esperienze che si collocano in un orizzonte che non è mai precostituito e che diviene sempre più vasto, in un movimento inesauribile che coincide con la vita medesima[159].

Emerge, d'altra parte, che l'esperienza, nella sua strutturazione dinamica, non è rivolta solo verso quei contenuti che si presentano dall'esterno e con i quali il soggetto entra in relazione, ma che essa è, in ogni istante, anche esperienza del proprio sperimentare, che rende possibile affermare l'esistenza di una concreta esperienza di sé.

In ogni puntuale e finita esperienza, cioè, si attua l'esperienza di se stessi e, mentre la prima è la condizione di possibilità della seconda, quest'ultima, d'altra parte, è quella che consente che qualcosa si presenti come distinto da chi sperimenta e, dunque, come un contenuto di cui si ha esperienza, nel momento in cui, distanziandosi da esso, si coglie la propria soggettività medesima[160].

---

[158] CORETH Emerich, *Antropologia filosofica*, Brescia 1998, p. 54: «possiamo provvisoriamente definire il mondo come la totalità del nostro ambiente concreto di vita e del nostro orizzonte di comprensione».

[159] WELTE Bernhard, *Dal nulla al mistero assoluto*, Genova – Milano 1985, p. 41: «la nostra esistenza nel mondo è uno spazio aperto di esperienza».

[160] RAHNER K., *Uditori della parola*, Torino 1988, p. 159: «Il "ritorno in sé" è nell'uomo…sempre anche un "esodo nel mondo" e attraverso il mondo».

Esperienza trascendentale

Approfondendo ulteriormente l'analisi, emerge che vi è esperienza implicita ed atematica anche della stessa capacità di andare sempre oltre rispetto ai singoli oggetti, poiché si percepisce che nessuno di essi è intrascendibile da parte di un'apertura che non ha in se stessa limiti intrinseci e che è protesa verso un orizzonte illimitato che, a sua volta, è implicitamente sperimentato in ogni esperienza limitata e particolare[161].

La concretezza dell'esperienza impedisce di pensare che ciò che la rende possibile sia il nulla poiché ciò equivarrebbe a nullificare ciò che in essa si offre e, pertanto, si può affermare che tale orizzonte, in cui ogni contenuto si pone come esistente, è l'essere stesso come condizione di possibilità degli oggetti e della loro esperienza da parte del soggetto[162].

In ogni singola e particolare esperienza sono, dunque, sperimentati, con un unico ed identico atto, l'apertura illimitata che tende sempre oltre qualsiasi dato e, in questo incessante trascendimento soggettivo, il termine che lo rende possibile, ovvero l'essere che, inaccessibile in sé, si dischiude nel dinamismo di colui che sperimenta.

L'esperienza, pertanto, mentre coglie immediatamente i singoli contenuti che le si offrono, li trascende e può affermarli nella loro singolarità e finitezza solo per-

---

[161] Rahner K., *Corso fondamentale sulla fede. Introduzione al concetto di cristianesimo*, Cinisello Balsamo (MI) 1990, p. 96: «Infatti tale orizzonte non viene sperimentato in se stesso, bensì conosciuto in maniera non oggettiva nell'esperienza di questa trascendenza soggettiva».

[162] Ibidem, p. 40: «questa conoscenza di natura atematica ma inevitabile è momento e condizione della possibilità di qualsiasi esperienza concreta di un qualche oggetto».

ché si protende al di là di essi e, con la loro mediazione, giunge ad intravedere l'orizzonte in cui tutti sussistono insieme allo stesso soggetto che sperimenta[163].

Emerge qui, con tutta evidenza, che l'esperienza della propria apertura trascendente e quella del suo termine ultimo, ovvero l'essere che si manifesta sperimentando il finito, sono, in realtà, due aspetti di un'unica esperienza.

Da una parte, infatti, solo nell'esperienza dell'apertura si dischiude l'essere, ma, dall'altra, solo perché vi è implicita esperienza di quest'ultimo, il soggetto riconosce che gli oggetti dell'esperienza immediata non sono il limite insormontabile della sua capacità ad aprirsi oltre ogni limite che possa rinchiuderlo in modo definitivo ed insormontabile.

Esperienza implicita di Dio: immediatezza della mediazione

Dalle considerazioni precedenti scaturisce la possibilità di affermare la presenza di una implicita ed atematica dimensione religiosa dell'esistenza (che, tuttavia, non deve essere confusa con l'esplicita esperienza religiosa che tra breve sarà presa in considerazione).

Nell'esperienza trascendentale dell'apertura, infatti, come si è sottolineato, si rivela il soggettivo orientamento costitutivo al termine ultimo dell'apertura medesima, cioè l'essere che trascende i singoli enti nei quali si manifesta, ma tale essere, che tutto fonda senza coincidere con nessuna realtà finita, è precisamente quello

---

[163] Rahner K., *Uditori della parola*, cit., p. 95: «l'affermazione della finitezza reale di un ente postula come condizione della sua possibilità l'affermazione dell'esistenza dell'*esse absolutum*».

che la coscienza religiosa dell'umanità ha sempre indicato con il termine Dio[164].

Risulta qui illuminante un testo di S. Tommaso che, pur contenendo implicazioni che vanno al di là della problematica che si sta trattando, è particolarmente significativo in questo contesto poiché sottolinea che "omnia cognoscentia cognoscunt implicite Deum in quolibet cognito" (tutti i conoscenti conoscono implicitamente Dio in ogni cosa conosciuta)[165], senza, cioè, che ciò comporti un atto distinto da quello indirizzato al singolo oggetto finito.

Si può, dunque, riconoscere un'implicita esperienza di Dio, che, coincidendo con quella dell'apertura, possiede lo stesso carattere di originarietà ed inderivabilità, per il quale risulta costitutiva dell'esistenza umana, anche quando di essa non vi sia alcuna consapevole tematizzazione[166].

D'altra parte, avendo in precedenza sottolineato che ogni esperienza particolare è anche, inscindibilmente, esperienza di sé, emerge l'indissolubile legame tra quest'ultima e l'esperienza implicita di Dio.

Entrambe, infatti, possono essere proprie soltanto di quell'esistente che per la sua capacità di trascendimento non è rinchiuso nei limiti dell'ambiente circostante, ma

---

[164] RAHNER K., Esperienza dello Spirito Santo, in ID., «Dio e Rivelazione. Nuovi saggi VII», Roma 1981, pp. 277-308, p. 290: «L'esperienza trascendentale è sempre anche esperienza di Dio nel bel mezzo della vita quotidiana».

[165] TOMMASO D'AQUINO, Quaestiones disputatae de veritate, q.22, a.2, ad 1.

[166] RAHNER K., Uditori della parola, cit., p. 97: «L'uomo è spirituale, cioè vive la sua vita in una continua tensione verso l'Assoluto, in una apertura a Dio».
Ibidem, p. 98: «Egli è sempre l'essere finito totalmente aperto a Dio».

può tendere all'Assoluto, mentre ritorna coscientemente su di sé[167].

L'affermazione di tale implicita esperienza di Dio richiede che venga subito chiarita la sua radicale peculiarità, che impedisce di considerarla come un singolo esperire semplicemente posto accanto agli altri.

Essa, cioè, possiede indubbiamente il carattere dell'immediatezza, poiché ciò che rende presente è realmente Dio e non una sua immagine, ma questa presenza immediata non è mai data in se stessa, bensì, come si è già accennato, sempre nella mediazione delle realtà che sono sperimentate e che rinviano oltre se stesse quel soggetto che è capace di trascenderle con un movimento che non ha limiti[168].

In tal modo, con l'affermazione di un'implicita esperienza di Dio, si sintetizza la più profonda verità antropologica, poiché solo una soggettività infinitamente aperta, cioè, spirituale, può cogliere l'Infinito mediante il finito, l'Assoluto mediante il relativo, ovvero, anche se non lo tematizza, il Creatore nelle creature.

Esplicita e consapevole esperienza religiosa

L'affermazione dell'esperienza di Dio, implicita e originaria, consente, quindi, di parlare di una intrinseca

---

[167] RAHNER K., *Esperienza di se stessi ed esperienza di Dio*, in ID., *Nuovi saggi* V, Roma 1975, pp. 175-189, p.179: «La prima cosa da fare, quando si parla di autoesperienza e di esperienza di Dio è di affermare la loro unità».

[168] RAHNER K., *Corso fondamentale sulla fede. Introduzione al concetto di cristianesimo*, cit., p. 119: «Mediazione e immediatezza non sono due concetti semplicemente opposti; esiste una genuina mediazione al contatto immediato con Dio».

dimensione religiosa dell'esistenza, ma ora si deve specificare ulteriormente, sottolineando che essa non è ciò che propriamente si intende quando si parla di esperienza religiosa, poiché quest'ultima possiede dei caratteri distintivi che non possono essere rintracciati nella prima.

Innanzi tutto, l'esperienza religiosa, a differenza dell'implicita esperienza di Dio, è esplicitamente consapevole e non accompagna, come sfondo ineliminabile, ogni altro esperire, ma è precisamente circoscrivibile in particolari atti e situazioni, originando quel complesso fenomeno umano che è la religione.

D'altra parte, la distinzione tra le due esperienze non significa in alcun modo una reciproca estraneità, poiché l'esperienza religiosa sorge e si alimenta costantemente da quella implicita di Dio, mentre, a sua volta, costituisce l'ambito privilegiato in cui possa realizzarsi una genuina esperienza di Dio, che è accolta e portata a cosciente tematizzazione[169].

Emerge qui la più radicale peculiarità dell'esperienza religiosa, ovvero la coscienza che, in essa, l'incontro con Dio non ha la sua prima origine nel tendere umano, ma nell'atto di Dio che interpella il soggetto, attirandolo a Sé e costituendo, così, il movimento del suo trascendimento[170].

---

[169] RAHNER K., *Corso fondamentale sulla fede. Introduzione al concetto di cristianesimo*, cit., pp. 82-83: «Questa esperienza atematica e costantemente operante -...- è il fondamento permanente da cui emerge quella conoscenza tematica di Dio che noi attuiamo nell'attività esplicitamente religiosa e nella riflessione filosofica».

[170] RAHNER K., *Esperienza dello Spirito Santo*, cit., p. 289: ci permette di sperimentare Dio appunto quale suo fondamento, che la dischiude e la riempie».

L'atto umano, cioè l'atto propriamente religioso, si configura, pertanto, come una risposta con la quale all'iniziale recettività fa seguito un processo inesauribile di interiorizzazione e di progressiva esplicitazione dell'esperire originario, che coinvolge tutto il soggetto nella complessità globale delle sue dimensioni[171].

Il nesso profondo tra l'esperienza implicita e la sua esplicitazione propriamente religiosa, poi, garantisce a quest'ultima la stessa realtà originaria che è peculiare della prima, obbligando ad escludere ogni interpretazione riduttiva che voglia ricondurre l'esperienza religiosa ad altri ambiti dell'esistenza, dai quali essa scaturirebbe in modo derivato e secondario.

Volendo, infine, trarre le ultime implicazioni, si deve rilevare che l'esperienza religiosa, per l'originarietà e la complessità ora evidenziate, è il "luogo" privilegiato in cui la soggettività emerge a se stessa nel momento in cui si riconosce come ricevuta da un Altro che costituisce il fondamento non solo della sua esistenza, ma anche del suo intrinseco dinamismo trascendente[172].

Verso un'ulteriore profondità

Tutto l'itinerario fin qui percorso ha consentito di far affiorare, con un'indagine filosofica, la realtà dell'esperienza religiosa nel suo sorgere dall'implicita esperienza di Dio, ma, al termine di questa breve sintesi, ci si deve

---

[171] RAHNER K., *Corso fondamentale sulla fede. Introduzione al concetto di cristianesimo*, cit., p. 89: «unità della parola originaria e della risposta che è resa possibile dalla parola».

[172] Ibidem, p. 84: «Tale mistero rimane mistero anche quando si dischiude all'uomo e precisamente così fonda permanentemente l'uomo come soggetto».

chiedere se si sia raggiunta l'ultima profondità o se, al contrario, vi sia un nucleo non ancora esplorato, ma, nonostante ciò, assolutamente fondante ed essenziale.

In effetti, come qualunque soggetto di un'autentica esperienza religiosa può attestare, al cuore di essa vi è la profonda coscienza della più radicale intimità di Dio, che non è sperimentato come l'orizzonte irraggiungibile di un tendere senza fine, ma come Colui che è assolutamente vicino e che dà origine all'apertura trascendente dello spirito.

Tale concreta esperienza potrebbe essere compresa e indagata in tutto il suo spessore solo aprendo il procedimento della filosofia al di là di se stesso e ricorrendo, in un fecondo rapporto circolare con la teologia[173], al concetto teologico della grazia come comunicazione di Dio che dona Se stesso alla Sua creatura trasformandola interiormente, ma ciò esula dai limiti della presente, breve trattazione e può soltanto essere indicato come un ulteriore, possibile percorso.

---

[173] Cfr.: GIOVANNI PAOLO II, Lettera enciclica *Fides et ratio*, n. 73: «Alla luce di queste considerazioni, il rapporto che deve opportunamente instaurarsi tra la teologia e la filosofia sarà all'insegna della circolarità».

PARTE TERZA

CAPITOLO 1

CRISTIANESIMO E DIFFERENZA SESSUALE

Filosofia cristiana della religione: particolare ed universale

Il primo paragrafo del secondo capitolo della seconda parte, intitolato *Filosofa della religione e filosofia cristiana della/e religione/i*, ha portato l'attenzione sulla peculiare tensione che, all'interno di una filosofia cristiana della religione, sussiste tra il singolare ed il plurale, ovvero tra l'universale ed il particolare, ed ora si intende ritornare a quella sottolineatura per svilupparla nella direzione di un'ulteriore, cruciale implicazione.

Per raggiungere tale obiettivo è necessario riprendere in considerazione, per approfondirlo, un aspetto già emerso, cioè il fatto che quella tensione si ritrova nella filosofia cristiana della religione perché essa è radicata in un'altra, assolutamente prioritaria e fondante, che identicamente caratterizza lo stesso cristianesimo, nel quale il rapporto tra universale e particolare si configura in modo assolutamente originale.

Questo rapporto ha sempre costituito, fin dall'inizio del pensiero occidentale, un tema cruciale per la metafisica e si è articolato in differenti proposte che si situano tra le contrapposte affermazioni dell'"universale ante rem" e dell'"universale post rem", nel tentativo di delineare la relazione che intercorre tra la dimensione necessaria ed eterna e quella contingente e temporale, con particolare riguardo alla storicità degli eventi umani[174].

Volendo schematizzare al massimo, si può poi evidenziare che in tutte le fedi religiose è possibile riscontrare la ferma credenza nell'esistenza di un "universale ante rem", come Assoluto fondante che costituisce l'unica vera realtà, mentre la prospettiva dell' "universale post rem" caratterizza le utopie intramondane che ipotizzano una fine della storia nello stesso mondo terreno.

In questo quadro, il Dio professato dal cristianesimo è, senza dubbio, come nelle altre religioni, l'Assoluto che tutto fonda e che conferisce l'essere ad ogni esistente, ma, attraverso il singolare intreccio dell'incarnazione e della morte e resurrezione di Gesù Cristo, l'universalità e la particolarità, storica e concreta, risultano unite da un legame non riscontrabile altrove.

Sulla base delle prefigurazioni dell'Antico Testamento e, radicalmente, su quella dell'evento Gesù Cristo, infatti, l'universale ed il particolare si presentano nella loro indisgiungibile unità che, senza alcuna confusione, consente però, di parlare di un realissimo "universale concretun", in cui il particolare accoglie l'universale senza scomparire in esso e l'universale, se così ci si può esprimere, vive nel particolare che, con la resurrezione, rimane eternamente pur senza perdere la sua concreta particolarità[175].

---

[174] Per una sintetica trattazione della problematica, cfr.: BELLUSCI G., *L'universale concretum, categoria fondamentale della Rivelazione a partire dall'analisi del ciclo natalizio*, Roma 2006, pp. 13-26.

[175] Cfr.: BALTHASAR H. U. von, *Teologia della storia*, Brescia 1964; KASPER W., *Gesù il Cristo*, Brescia 1989; RAHNER K., *Corso fondamentale sulla fede*, cit.

Ovviamente, questo discorso dovrebbe essere sviluppato in tutti i suoi aspetti cristologici ed anche trinitari, ma qui è sufficiente aver evidenziato che, per il cristianesimo, nella particolarità della persona storica di Gesù Cristo è presente tutta l'universalità di Dio, che può essere realmente conosciuta solo a partire da quella[176].

Nella fede cristiana in Gesù Cristo, quindi, la particolarità della Sua persona, pur rimanendo tale, è trasfigurata ed illuminata dall'universalità della divinità e tale affermazione, essendo la cristologia il prototipo di ogni antropologia autenticamente cristiana, non rimane priva di ripercussioni sulla visione dell'essere umano, qualsiasi siano le singolari condizioni storiche ed esistenziali nelle quali egli si trovi a vivere.

Come si è già indicato, nasce da qui la capacità della filosofia cristiana della religione di portare la sua attenzione sulle religioni positive dell'umanità, senza mortificare la loro irriducibile particolarità, ma cogliendo in ciascuna quel valore di universalità che, mediante Cristo, Dio dona ad ognuna di esse.

Questa possibilità, tuttavia, non è l'unica che si dischiuda per la filosofia cristiana della religione, perché il suo sguardo sul particolare, sempre illuminato da quell'universale fontale che è Dio solo, la abilita a prendere in considerazione ogni altra particolarità, da indagare nella sua relazione con Dio stesso.

Ponendo ciò come premessa e riprendendo un tema già rapidamente toccato nel primo capitolo della seconda parte, l'obiettivo che ora si intende perseguire è quello di vedere come la filosofia cristiana della religione, a

---

[176] Cfr.: RAHNER K., *Uditori della parola*, cit., pp. 224-229.

partire dal suo presupposto specifico, cioè la fede cristiana, possa volgersi ad assumere come oggetto, sempre ritornando a quel momento originario che è l'esperienza religiosa, la peculiarità che tale esperienza deve necessariamente presentare nel suo essere differentemente vissuta dalla donna e dall'uomo, ossia dalle due particolari declinazioni di quell'universale che è l'essere umano, creato ad immagine e somiglianza di Dio.

Questa indagine risulta indispensabile affinché, dopo aver ripetutamente sottolineato l'esigenza di aderire alla concretezza storica dell'umano, non si ricada in affermazioni astratte che prescindano dal primo rilievo che si deve fare riguardo al soggetto: egli non esiste mai come un neutro indifferenziato, ma sempre come donna o come uomo[177].

Il passo iniziale di tale ricerca sarà quello di vedere come la differenza tra la donna e l'uomo sia colta nella rivelazione biblica, per comprendere quale luce quest'ultima possa recarle, e, da qui, un ulteriore approfondimento sarà tentato nella direzione di penetrare in quella particolare modalità dell'apertura universalmente umana a Dio, che è propria delle donne.

Approccio cristiano alla differenza sessuale

Le affermazioni immediatamente precedenti necessitano, tuttavia, di essere supportate da una riflessione

---

[177] Con questa affermazione non si ignorano le attuali posizioni che vogliono ricondurre la differenza tra la donna e l'uomo ad una pura costruzione socio-culturale, ma si sottolinea la loro astrattezza e, dunque, l'incapacità di rendere conto del vissuto, al di là di teorizzazioni ideologiche che non tengono conto dell'indissolubile legame che esiste tra natura e cultura.

previa che le fondi, evitando il rischio di due opposte soluzioni che le priverebbero di ogni consistenza.

Da una parte, infatti, si deve verificare che la differenza sessuale abbia realmente un significato antropologicamente rilevante in ragione del quale l'identità umana sia impensabile al di fuori della declinazione nei due sessi, mentre, dall'altra, il differire della donna e dell'uomo deve risultare tale da non intaccare la natura condivisa, creando due assoluti irrelati e privi di possibilità di comunicazione.

Volgendosi, quindi, a ciò che la parola di Dio attesta sulla donna e sull'uomo, sulla loro creazione e sulla loro posizione nel piano divino, si cercherà, seppure sinteticamente, di affrontare questi nodi che sono pregiudiziali per i successivi passaggi.

Non si intende, ovviamente, sviluppare qui un'antropologia teologica che assuma tutti i testi biblici rilevanti a tale scopo, ma solamente soffermarsi sugli essenziali temi che, inseriti nell'intero "corpus" della Scrittura, possono fornire basilari indicazioni in vista dell'obiettivo da raggiungere.

In primo luogo, deve essere considerata la creazione dell'uomo e della donna attraverso un'attenta lettura dei due testi di *Genesi* 1 e 2, scevra da pregiudizi e presupposti ideologici, che risultino falsificanti del loro reale e profondo significato[178].

Si può subito rilevare che dai capitoli sulla creazione, collocati ciascuno nel suo contesto e nella sua epoca,

---

[178] Cfr.: PORCILE SANTISO M. T., *La donna spazio di salvezza. Missione della donna nella Chiesa, una prospettiva antropologica*, Bologna 1996; PELLETTIER A. M., *Il cristianesimo e le donne*, Milano 2001; FUMAGALLI A., *La questione gender. Una sfida antropologica*, Brescia 2015.

emerge con chiarezza che la differenza tra la donna e l'uomo appartiene a quell' "origine" che conferisce senso e valore perenni al presente e che essa segna al livello più profondo l'essere umano voluto direttamente da Dio come culmine della creazione.

Esaminando, innanzi tutto, il più antico capitolo di *Genesi* 2, al di là degli approcci riduttivi che, in chiave maschilista o, al contrario, di netto rifiuto da parte di un femminismo esasperato, si soffermano sulla creazione "seconda" della donna, che esprimerebbe la sua posizione derivata e subalterna, emerge, infatti, che l'intento della narrazione è quello di sottolineare la comunanza dell'origine e l'evidenza che l'essere umano è compiutamente tale solo quando, come uomo e donna, si trova vicino ad un identico da sé differente, sul quale non può esercitare il potere del dominare, come nel caso degli animali.

L'umanità, nettamente distinta dal resto del creato, è tale, quindi, solamente nella dualità delle due creature che, l'una di fronte all'altra, accedono all'uso della parola che sostituisce il dialogo, forma di rapporto propriamente ed esclusivamente umana, al silenzio che indica l'assenza di ogni relazione reciproca ed orizzontale.

La narrazione di *Genesi* 1, più recente ed appartenente, come si è accennato, ad un diverso contesto, integra in profondità quello che l'altro brano porta alla luce e fornisce preziose indicazioni riguardo al differire della donna e dell'uomo.

Innanzi tutto, con l'"imago Dei", impressa in entrambi, si sottolinea la peculiarità che contrassegna radicalmente l'essere umano rispetto al resto del creato, ma, evidenziando che l'identico atto creatore che chiama all'esistenza introduce la differenza tra maschio e femmina, si afferma con forza che tale differenza è originaria come lo stesso esistere e che l'umanità non può prescindere dalla sua declinazione sessuata.

L'uomo e la donna, dunque, recano in sé quell'immagine divina che, mentre li distingue dalle altre creature, li rende solidali proprio nel loro irriducibile differire che, pertanto, è costitutivamente umano così come l'essere il vertice dell'intera creazione.

In seconda istanza, poi, sottolineando l'inscindibilità tra creazione e redenzione, si deve portare brevemente l'attenzione sul Nuovo Testamento, soffermandosi, da un lato, su Maria e, dall'altro, sul rapporto di Gesù con le donne.

Tutti i Vangeli attestano la centralità di Maria nel piano della salvezza e, conseguentemente, senza indugiare su questo cruciale aspetto, si vuole riflettere sulla sua duplice iconicità, cioè, universalmente cristiana e peculiarmente femminile.

Maria, infatti, con il suo "fiat" è l'insuperabile modello del credente che, in piena libertà e con personale assunzione di responsabilità, assente alla volontà di Dio, al di là di ogni umana certezza.

D'altra parte, però, Maria, oltre le rappresentazioni stereotipate che pure non sono mancate in più di duemila anni di cristianesimo, è la creatura compiutamente donna, vergine e madre insieme, che non costituisce un ideale lontano, per le donne concrete, ma che addita la via della fede per una integrale realizzazione di quello che la femminilità implica[179].

Gli incontri di Gesù con le donne, infine, sia prima che dopo la Pasqua, rivelano con chiarezza che, nella se-

---

[179] Cfr.: Zorzi B. S., *Al di là del "genio femminile". Donne e genere nella storia della teologia cristiana*, Roma 2014.

quela e nel riconoscimento del Signore, non c'è alcuna preclusione legata al sesso, al di là dei pregiudizi dipendenti dal contesto storico, ma che l'unica fede può essere vissuta in completa fedeltà alla propria appartenenza sessuale, prefigurando quella Chiesa di uguali, nella molteplicità dei carismi, che riunisce tutti i battezzati e si pone come segno di salvezza per l'intera umanità.

Si deve ora evidenziare che, mentre muovendo dall'accoglimento della rivelazione biblica, l'antropologia teologica elabora la sua coerente visione dell'essere umano creato e redento da Dio, quella stessa rivelazione, come si è già sottolineato, può costituire il presupposto a partire dal quale, con gli strumenti del solo pensiero filosofico, si delinea una visione del soggetto, capace di penetrare il più profondo significato della sua esistenza, illuminato dalla parola di Dio, previamente creduta ed assunta.

Questa considerazione, valida per qualsiasi tematica antropologica, può essere applicata anche alla cruciale questione della differenza tra l'uomo e la donna, presupponendo ciò che si è brevemente indicato riguardo ai testi biblici.

È opportuno portare subito l'attenzione sulle parole di Tommaso che afferma che «persona significa quello che vi è di più perfetto in tutta la natura, cioè il sussistente nella natura razionale»[180] e, ricollegandosi a *Genesi* 1 e 2, rilevare che questo esistente, che è il vertice della realtà naturale, è originariamente differenziato se-

---

[180] TOMMASO D'AQUINO, *Summa Theologiae*, I Pars, Q. 29, a. 3, c.: «persona significati id quod est perfectissimum in tota natura, scilicet subsistens in rationali natura».

condo il sesso che, conseguentemente, appartiene a quella perfezione che lo caratterizza essenzialmente.

Al di là del mito dell'androgino primordiale, cioè, l'essere umano non è pensabile se non come uomo e come donna ed entrambi recano impressa quella "imago Dei", che è la loro natura spirituale che, dotata di coscienza, di conoscenza intellettiva e di libera volontà, li abilita ad entrare tra loro in una relazione consapevolmente interpersonale.

Sviluppando ulteriormente, si può mettere in evidenza che la creazione dell'essere umano, uomo e donna, mediante un unico atto di Dio getta una nuova luce sulla differenza sessuale, che la distingue da quella che è propria degli altri esistenti.

Tale differenza, infatti, segna indubbiamente la dimensione corporea, che è impensabile al di fuori della sua differenziazione secondo il sesso, ma per l'umanità il suo significato più profondo non è quello legato alla materialità del corpo, bensì «Avremmo torto di considerarla come puramente biologica: essa attraversa dal basso in alto (o forse piuttosto dall'alto in basso) l'essere umano tutto intero, carne e spirito»[181].

Questo vuol dire che è la spiritualità, come "imago Dei", a trasformare un maschio ed una femmina in un uomo ed una donna, nell'unitarietà del loro esistere corporeo-spirituale ed originariamente relazionale.

Assumendo come presupposto la rivelazione biblica sulla creazione dell'uomo e della donna è ora possibile ritornare alla questione della distinzione e del rapporto

---

[181] DE FINANCE J., *A tu per tu con l'altro. Saggio sull'alterità*, Roma 2004, p. 20.

tra universale e particolare e rilevare che l'universalità, ovvero l'essenza umana, contraddistinta dalla spiritualità, esiste solo nella particolarità dei due differenti per il sesso, che, dunque, sono l'unica concreta incarnazione dell'universale umano che vive sempre e soltanto in quanto accolto nel particolare della differenza sessuale, che esprime l'universale dell'"imago Dei"[182].

La differenza sessuale, pertanto, è una particolarità rispetto all'universalità dell'essenza, ma è quella nella quale quest'ultima si concretizza e, di conseguenza, è il luogo in cui essa può essere indagata nelle sue manifestazioni.

Tutto ciò è immediatamente applicabile anche al vissuto religioso che è sempre quello di un uomo o di una donna e che, quindi, reca in sé tanto la traccia dell'universalmente umana apertura all'Assoluto, quanto la sua declinazione secondo quella che è l'identità propria di ciascun sesso.

Universalità e particolarità dell'esperienza religiosa

Nel primo capitolo della seconda parte sono state enucleate le essenziali dimensioni dell'esperienza religiosa, prima quelle rilevabili mediante la sola analisi fenomenologico-filosofica, poi, illuminando più in profondità, quelle che risultano da un'indagine filosofica che riconosca, come suo presupposto, il vissuto dell'esperienza cristiana.

---

[182] Cfr.: SALATIELLO G., *La differenza di genere tra universale e particolare*, in CALTAGIRONE C. – MILITELLO C., *L'identità di genere. Pensare la differenza tra scienze, filosofia e teologia*, Bologna 2015, pp. 69-76.

Assumendo, quindi, i risultati di quell'indagine, nella sua complessità di pensiero filosofico che muove dal dato della fede che lo precede, si possono sintetizzare gli aspetti portanti di ogni esperienza dell'incontro con il Divino.

Emerge subito, come ora ricordato, la priorità dell'umana capacità di apertura oltre i limiti del fattuale e dell'empirico, ovvero la realtà di un trascendimento che non conosce alcun limite intrinseco e che, pertanto, si configura con i caratteri del dinamismo incessante.

La rivelazione cristiana consente di rintracciare la radice di tale apertura nell' "imago Dei", che, impressa nel soggetto, lo abilita a trascendere l'ambito puramente materiale per accogliere la manifestazione del Creatore, rispetto alla quale il primo atteggiamento è quello della passività ricettiva.

Da tale passività, però, sorge spontaneo il momento della risposta in colui che si sente personalmente interpellato e, con una infinita gamma di accentuazioni a seconda dei contesti religiosi, l'incontro con il Divino presenta i tratti del dialogo che può giungere alla relazione esplicita di un Io con un Tu.

Il dinamismo prima sottolineato si trasforma, in questo caso, nel cammino della sequela che si fonda non su un generico appello, ma su una Parola personalmente pronunciata da Dio che chiama ogni sua creatura umana.

Anche la centrale categoria dell' "immediatezza mediata", che è propria dell'esperienza religiosa, riceve un nuovo significato perché la realtà che media, in Gesù Cristo, si identifica pienamente con Colui che è mediato, operando una radicale trasformazione dell'espressività del simbolo.

Infine, sulla base di tutto ciò, si deve porre in luce che l'originario trascendimento verso una meta lontana ed irraggiungibile diviene il profondo sentimento di un'interiore presenza che, se accolta, investe tutta l'esistenza nella sua globalità ed integralità.

Come si è fino a qui sinteticamente ricordato, tutte le dimensioni che caratterizzano universalmente l'umana esperienza religiosa si presentano nella concretezza delle religioni storiche positive con diversa intensità corrispondente alla particolarità di ciascun vissuto e di ciascun contesto.

Da qui, ritornando alle precedenti riflessioni sulla differenza sessuale, come particolare declinazione dell'identico universale umano, diviene possibile chiedersi se, anche in questo caso, considerando lo spessore ontologico della differenza, si possa riscontrare una differente sottolineatura di ciò che è universalmente condiviso.

Ci si vuole, cioè, domandare se esista una particolare esperienza religiosa femminile,, distinta da quella, altrettanto particolare, che è maschile, con la consapevolezza, però, che dire femminile e maschile non è lo stesso che dire "delle donne" e "degli uomini", perché con i primi due concetti ci si colloca sul piano delle astrazioni, mentre con i secondi su quelle dell'esistenza concreta dei singoli soggetti.

Con riferimento al primo dei due piani, ciascun sesso può pronunciare affermazioni che investono anche l'altro (ed è quello che per secoli ha fatto la voce maschile), mentre, in rapporto al secondo, ogni sesso deve esprimersi riguardo a se stesso e questo è quello che, per le donne, si cercherà di fare qui di seguito.

Come base del primo percorso si può assumere una asserzione di Emerich Coreth che stabilisce che «per via della mia esistenza corporea, sono fin dall'inizio o uomo o donna, sono dunque posto nella differenza dei sessi, la quale non prescrive solo determinazioni e limitazioni alla vita esterna, ma influisce profondamente anche sulla realtà dello spirito e dell'anima»[183].

La dimensione spirituale, cioè, evidentemente non è sessuata, ma, per l'intrinseca unitarietà dell'essere umano, la differente corporeità maschile e femminile, con i suoi riflessi anche psicologici, segna pure le espressioni dello spirito e, dunque, prima fra tutte, l'esperienza religiosa.

Apparentemente, sorge qui un problema perché sembra che si debba distinguere, nelle due differenti modalità di sperimentare l'incontro con l'Assoluto, quello che è legato al sesso per natura da quello che è direttamente influenzato dai contesti socioculturali, ma, in realtà, si tratta di un falso problema perché il soggetto è naturalmente culturale e la molteplicità delle culture concretizza, ognuno in un modo particolare e limitato, l'universale umano.

Anche a questo proposito la riflessione sulla specificità dell'esperienza cristiana può risultare feconda perché consente di far emergere contemporaneamente sia quello che è ad essa peculiare, in quanto incontro personale con Gesù Cristo, sia ciò che rivela l'umana apertura e la sua differente attuazione maschile e femminile.

L'esperienza religiosa delle donne

Volgendo, quindi, lo sguardo all'esperienza fondata sulla fede cristiana, se ne possono sottolineare i tratti che la caratterizzano quando essa è vissuta dalle donne ed, in tal modo, risulterà sia un suo specifico approfondimento, sia l'individuazione di aspetti che, in quanto le-

---

[183] CORETH E., *Antropologia filosofica*, Brescia 1998, p. 147.

gati alla peculiare identità femminile, sono rintracciabili anche in altri contesti religiosi.

A questo scopo, può risultare utile, specialmente per introdurre le riflessioni del capitolo successivo, riportare per esteso una breve analisi effettuata in altra occasione: «Una riflessione sull'esperienza cristiana non può prescindere da quella preliminare sull'esperienza religiosa universalmente umana, perché precisamente su questo sfondo risulta più chiaramente evidenziata la radicale peculiarità della prima. In qualunque autentica esperienza religiosa ed anche in quella cristiana, cioè, il soggetto si apre al rapporto con l'Assoluto, entrando in una relazione che si distingue essenzialmente da qualsiasi altra perché è del tutto differente il termine al quale l'essere umano si indirizza: il Divino, la Realtà ultima, il Fondamento primo degli esistenti. Proprio in questo inequivocabile riconoscimento di una ineliminabile analogia emerge, però, subito l'altrettanto inequivocabile diversità che la stessa analogia prefigura, consentendo di accostarsi direttamente allo specifico cristiano.

Nell'esperienza della fede cristiana, infatti, ciò che colpisce immediatamente e che è attestato dall'intera storia della salvezza, dell'AT e del NT, è che all'origine di tale esperienza non vi è un atto umano, ma l'assolutamente libera iniziativa di Dio che convoca l'essere umano alla Sua presenza e gli indirizza una parola, suscitando in lui una risposta.

Inscindibilmente connessa a questo primo tratto distintivo, vi è poi quella che si può indicare come la direzione della relazione che riguardo al Tu divino è totalmente verticale, ma che nella Persona di Gesù Cristo, senza che il Tu perda nulla della Sua trascendenza, diventa anche orizzontale chiamando al rapporto con

Colui che ha accettato pienamente la nostra condizione umana.

Proprio questa centralità della dimensione relazionale nell'esperienza cristiana induce a considerare che tale dimensione è cruciale anche nel modo femminile di porsi nel mondo ed, in particolare, nel contesto dei rapporti interpersonali.

Si può, quindi, rilevare quale profonda sintonia vi sia tra l'esperienza cristiana e l'indubbia propensione femminile per la relazione, come peculiare modalità espressiva, caratterizzata dalla capacità di ascolto e dalla disponibilità all'accoglienza.

In questo senso non è azzardato affermare che l'esperienza cristiana presenta delle note originariamente femminili, ma qui sorge immediatamente un interrogativo che richiede una precisa risposta: tali note implicano che essa sia un privilegio della donna?

La risposta è ovviamente negativa, come risulta dalla lunga storia di figure di santità maschile e come ogni uomo sinceramente credente è in grado di testimoniare rispetto a se stesso, ma allora è necessario approfondire ulteriormente e motivare quanto si è constatato.

Spostando l'attenzione sulle modalità linguistiche risulta che lo stile argomentativo ed assertivo, storicamente, si è configurato come quasi esclusivamente maschile, proponendo una domanda speculare a quella precedente: tale stile è precluso alla donna?

Anche in questo caso la risposta è negativa ed entrambe le questioni rinviano all'indubbia possibilità d'integrazione, in ogni essere umano, di aspetti sia maschili che femminili, con la prevalenza di quelli legati al proprio sesso, senza che ciò implichi l'assenza di quelli del sesso opposto: «In tale prospettiva ciò che si chiama "femminilità" è più di un semplice attributo del sesso femminile. La parola designa, infatti, la capacità fondamentalmente umana di vivere per l'altro e grazie all'altro». (CONGREGAZIONE PER LA DOTTRINA DELLA FEDE, *Lettera ai Vescovi della Chiesa Cattolica sulla collaborazione dell'uomo e della donna nella Chiesa e nel mondo, 2004, n.* 14).

Una donna, quindi, restando pienamente femminile, può esprimersi con il rigore argomentativo che si è soliti riconoscere all'uomo (e la più recente storia della teologia lo dimostra), così come l'uomo, senza compromettere la sua mascolinità, è capace di giungere a quella massima profondità dell'esperienza cristiana che si è riconosciuta come femminile.

L'esperienza cristiana, inoltre, pur attuandosi nella più radicale interiorità personale, è, nello stesso tempo anche un'esperienza comunitaria di fede comunicata e condivisa e qui la relazione interpersonale tra i credenti di ambedue i sessi agevola l'integrazione, nella soggettività di ciascuno, di quello che è il patrimonio dell'altro, senza minimamente indirizzarsi verso forme di indistinta confusione, ma disponendosi, uomini e donne, a vivere la propria fede con una sempre più piena maturità e con un più ampio possesso di doni universalmente umani, anche se caratterizzarti al maschile o al femminile»[184].

Quanto si è ora analizzato trova, d'altra parte, riscontro in due dense pagine di J.B. Lotz che, seguendo il di-

---

[184] SALATIELLO G., *L'esperienza cristiana e la donna*, in www.laici.va, sezione donna, tema del mese, gennaio-febbraio 2012. Cfr. anche SALATIELLO G., *Dire Dio: il linguaggio femminile*, in ID., *La differenza sessuale. Un itinerario di riflessione*, Ariccia (RM) 2014, pp. 91-98

namismo dell'esperienza trascendentale, rileva che «l'uomo mira alla verità *oggettiva* nel senso di Kierkegaard, la donna si muove nell'ambito della verità *soggettiva*. Di conseguenza l'uomo può restare fermo all'esso, al *pronome neutro* che indica il divino, la donna invece è rivolta fino al *Tu* divino», senza dimenticare, però, che «In ogni caso nel maschile è sempre contenuto il femminismo e viceversa»[185].

---

[185] Lotz J.B. *Esperienza trascendentale*, Milano 1993, pp. 278-279.

CAPITOLO 2

LA FEDE DELLE DONNE

I rilievi immediatamente precedenti hanno portato, sul piano delle affermazioni di carattere generale, a rilevare, nell'esperienza religiosa femminile, la centralità della dimensione relazionale, ma questa assunzione necessita di essere confermata mediante il ricorso all'ascolto della voce delle donne medesime che parlano di se stesse e del loro rapporto con l'Assoluto.

A tale scopo, si effettuerà ora un diretto confronto con un testo che è particolarmente significativo perché raccoglie le testimonianze di diverse donne, credenti e non, che si esprimono su quello che l'Assoluto, il Divino o Dio a seconda dei casi, significa nella loro vita e nel loro concreto esperire[186].

La voce delle donne

La connotazione relazionale dell'esperienza religiosa delle donne emerge subito in primo piano dalla lettura del volume ora indicato che consente, quindi, di specificare ulteriormente quanto già proposto.

La relazionalità, in realtà, non si presenta come una categoria isolata o isolabile da un più vasto contesto, ma appare strettamente intrecciata con altri tratti che si illuminano e chiariscono a vicenda, fornendo un quadro

---

[186] IRIGARAY L. (a cura di), *Il respiro delle donne*, Milano 1997.

ampio ed articolato del porsi delle donne in rapporto all'Assoluto.

Uno dei saggi qui contenuti, scritto da Carter Heyward, una donna che si professa credente, risulta estremamente rilevante perché fornisce un fondamento al carattere relazionale dell'esperienza religiosa affermando che «Credo che Dio sia la nostra energia in-relazione con ciascun altro, con l'umanità intera e con la creazione stessa»[187] e ponendo, in tal modo, l'origine dell'umana capacità di relazione in Dio stesso.

Approfondendo ancora, l'autrice sottolinea che «Dio è colui che è (*Esodo* 3,14) in relazione con la creazione. Senza creazione, senza umanità il nostro Dio in-relazione non esiste»[188], aprendo la strada a due differenti esiti possibili.

Da una parte, infatti, sembra che in questo modo sia limitata l'assolutezza di Dio che, in qualche maniera, verrebbe a dipendere dalle creature, ma, dall'altra, questa prospettiva si apre sulla considerazione del mistero della Trinità e dell'Incarnazione, sulle quali si tornerà in seguito.

La prima articolazione della categoria della relazione, come asse portante dell'esperienza religiosa delle donne, si ritrova nel saggio successivo a quello ora citato e scritto dalla stessa curatrice del testo, Luce Irigaray, che la approfondisce nella duplice dimensione di relazione tra differenti o tra uguali per il sesso, introducendo anche la considerazione del concetto di redenzione, in una prospettiva di ricerca spirituale profonda ma non di appartenenza confessionale.

---

[187] HEYWARD C., *Al principio è la relazione*, ibidem, p. 119.
[188] Ibidem, p. 121.

In ordine al primo aspetto, l'autrice risolutamente sostiene che «Solamente in due, nel rispetto della(e) differenza(e) tra loro, l'uomo e la donna sono co-redentori del mondo: dei loro corpi, dell'universo cosmico, della società e della Storia»[189].

La relazione tra i due differentemente sessuati si presenta così come la condizione pregiudiziale per un più vasto rapporto che sia inclusivo di tutto il reale, nei suoi aspetti sia spirituali che materiali.

D'altra parte, però, la dimensione relazionale deve privilegiare anche il rapporto delle donne fra di loro, muovendo dalla constatazione che «Nella nostra cultura, compresa quella religiosa, mancano modelli di relazione d'amore della donna con sé,

con sua madre,

con le sue sorelle, naturali o spirituali»[190],

privando la spiritualità femminile del supporto che proviene dal confronto con chi condivide la stessa appartenenza sessuale.

Queste ultime riflessioni conducono a portare l'attenzione su di un'altra essenziale articolazione della relazionalità, ovvero quella che si esprime nel rapporto della donna con se stessa, oppure in quello della generazione, non solo fisica, ma anche spirituale.

Riguardo al rapporto con se stessa, ovvero alla consapevole conquista di una personale interiorità spirituale, risultano illuminanti tanto il saggio in esame, quanto uno precedente, dalla psicoanalista Silvia Vegetti Finzi, incentrato su Chiara d'Assisi e, più ampiamente, sullo studio dell'ascetica e della mistica femminili, che aprono

---

[189] IRIGARAY L., *La redenzione delle donne*, ibidem, p. 130.
[190] Ibidem, p. 134.

la strada «all'ascolto di sé e alla formulazione di una parola vera, fedele alla sua specifica identità femminile»[191].

Anche lo studio di Adriana Zarri, eremita cattolica, porta l'attenzione sull'esperienza mistica, evidenziando che «gli studiosi della materia affermano che il mistico è in un atteggiamento femminile, in quanto aperto all'accoglienza del Dio che viene»[192] e riproponendo, in tal modo, la distinzione, già emersa, tra "femminile" e "delle donne" ove il primo termine risulta più ampio, pur nel suo riferimento a ciò che per la donna costituisce un tratto peculiare.

La relazione interiore con sé, condizione per una compiuta autonomia spirituale disponibile al Divino, trova, poi, espressione mediante il ricorso al concetto di "verginità" con l'essenziale precisazione che «Certo, "vergine" non indica, qui, la presenza o l'assenza di un imene fisiologico, ma l'esistenza di una propria interiorità spirituale, capace di ricevere la parola dell'altro senza alterarla»[193].

Ponendo l'accento sulla verginità spirituale diviene comprensibile perché Luce Irigaray, da laica non cattolica, mostri un particolare interesse per Maria, indicandola come modello per le donne in quanto «La figura che essa può rappresentare per noi è quella di una donna che resta fedele a se stessa nell'amore, nella procreazione»[194], introducendo, come si è detto, alla considerazione del valore della maternità come tappa del cammino spirituale delle donne.

---

[191] Vegetti Finzi S., *Chiara: una donna nuova*, ibidem, p. 36.
[192] Zarri A., *Una teologa della vita*, ibidem, p. 100.
[193] Irigaray L., *La redenzione delle donne*, ibidem, p. 131.
[194] Ibidem.

Tutto il saggio di Maria Teresa Porcile Santiso, insieme ad altre fondamentali questioni che la preoccupano in quanto teologa cattolica, pone l'accento sul significato simbolico e spirituale della maternità e del corpo femminile ad essa predisposto, osservando che «la generazione da parte della donna sembra l'immagine più realistica del mistero di una nascita a tutti i livelli: individuale, collettivo, psicologico, spirituale, cosmico»[195].

Silvia Vegetti Finzi, però, sottolinea che la portata spirituale della maternità non è un dato naturale, ma l'esito di un cammino interiore, poiché «Non è facile per la donna trasformare la sua pulsione a generare corpi in desiderio di generare idee, tramutare la maternità fisica in maternità spirituale»[196].

Lo stesso concetto è sinteticamente riproposto da Luce Irigaray che intende liberare la donna dalla sua secolare relegazione alla dimensione naturale per indicare un percorso nel quale l'interiorizzazione sia inscindibile dall'apertura a tutto ciò che è spirituale: «La donna non può dunque restare pura natura, neanche nella maternità»[197].

L'ultima parte del volume, poi, contiene gli esiti di un dibattito svoltosi al dipartimento di studi femministi dell'Università di Utrecht, in cui Luce Irigaray affronta numerose questioni poste dalle partecipanti all'incontro.

Risulta di grande rilievo, dal punto di vista delle donne e con una specifica attenzione anche alla spiritualità orientale, l'approfondimento del rapporto tra immanenza e trascendenza, osservando che «Nella liturgia

---

[195] Porcile Santiso M.T., *Ricerca di un'identità femminile*, ibidem, p. 67.

[196] Vegetti Finzi S., *Chiara: una donna nuova*, ibidem, p. 40.

[197] Irigaray L., *La redenzione delle donne*, ibidem, p. 131.

cattolica (parlo di questa liturgia, perché corrisponde alla tradizione in cui sono cresciuta e che conosco) e nella vita del Cristo, si ritrova questo legame tra l'istante, in particolare cosmico, e l'immortale, l'eterno»[198].

Emerge qui l'esigenza di una possibilità di trascendimento spirituale che, senza fratture tra il tempo e l'eternità, consenta il dischiudersi di un orizzonte infinito al di là della pura empiricità e della frammentazione spazio-temporale.

Il riferimento a Cristo, poi, come quello precedentemente effettuato all'incarnazione, consente di porre in relazione queste riflessioni al femminile con la via propria del cristianesimo per l'apertura ad un Dio che, per primo, si apre al soggetto dell'esperienza religiosa.

La fede cristiana e le donne

Muovendo dalle testimonianze ora raccolte, è possibile tornare, approfondendo, a ciò che si è già rilevato circa la sintonia della proposta cristiana con l'esperienza religiosa delle donne, alla quale la prima può fornire una risposta in cui l'universalità dell'apertura umana al Divino si coniughi con la particolarità del vissuto femminile.

La considerazione iniziale è quella che concerne la centralità della dimensione relazionale nei contenuti della fede cristiana che professa un Duo Uno e Trino, incarnato nel grembo di una donna e che, con la resurrezione, assume e redime l'umanità nel mistero di Dio.

La rivelazione della Trinità dell'unico Dio è sicuramente il punto dal quale partire per la sua portata teologica ed, insieme, antropologica.

---

[198] *Il divino tra di noi*, ibidem, pp. 154-155.

Riguardo al primo aspetto, quello teologico, la relazione si rivela come interiore a Dio medesimo e, ritornando al saggio di Adriana Zarri, si deve evidenziare che «questo ci pare configuri un Dio più femminile, non tanto connotato dall'essere, quasi dall'assistere dal di fuori alla struttura di se stesso, quanto piuttosto dal vivere, con somma partecipazione dal di dentro di sé, anche perché il di fuori non esiste»[199].

Il Dio Trinità, cioè, esclude qualsiasi chiusura solipsistica ed il suo comunicarsi alla creatura scaturisce da quell'originaria comunicazione intradivina che è la relazione tra Padre, Figlio e Spirito Santo.

Nel mistero trinitario trova, così, piena soddisfazione l'esigenza, prima menzionata, di Carter Heyward circa la natura intrinsecamente relazionale di Dio, ma questa relazione originaria in Dio non è quella con le creature, delle quali Egli non ha alcun bisogno, bensì quella tra le tre Persone divine che, per la sovrabbondanza del Loro amore, creano e redimono.

Sotto il profilo antropologico, poi, dalla fede nel Dio tripersonale scaturisce una conseguenza di centrale rilevanza se si considera che l'essere umano è "imago" di questo Dio.

Ovviamente, la dissomiglianza tra la creatura ed il Creatore è sempre maggiore della somiglianza e la relazione non costituisce la persona nello stesso modo in cui è presente in Dio, ma non vi è dubbio che nell'"imago" sono impresse quell'apertura e quella disponibilità all'accoglienza che costituiscono la radice di ogni relazionalità e che hanno nella Trinità la loro origine fontale.

---

[199] ZARRI A., *Una teologa della vita*, ibidem, p. 99.

Nella fede cristiana, in immediata congiunzione al mistero trinitario vi è quello dell'Incarnazione che permette al credente di stabilire con Dio una relazione che, senza toglierGli nulla della sua radicale trascendenza, è, però, anche orizzontale, cioè vissuta nel cuore stesso della nostra concreta umanità.

Cristo, cioè, «È qualcuno che assicura la mediazione qui e ora tra la terra e il cielo, e non solo attraverso le parole»[200], perché non è un mediatore che parla di Dio, ma è Dio medesimo nel nostro mondo e dischiude, nella Sua persona, la via di una relazione che coinvolge l'intera soggettività.

Di nuovo risulta particolarmente significativa un'affermazione di Carter Heyward che risolutamente sostiene che «la teologia relazionale è una teologia dell'incarnazione: deve esserlo»[201].

La già rilevata predisposizione femminile al rapporto interpersonale, che si instaura quando un Io si trova di fronte ad un Tu, può, così, esprimersi pienamente nella relazione della credente con Colui che condivide il peso della sua condizione umana, pur senza perdere i tratti divini che permettono di trovare in Lui la guida ed il sostegno.

L'umanità di Cristo, redentore del genere umano, conferisce poi alla redenzione da Lui operata una straordinaria concretezza che elimina qualsiasi dualismo dalla prospettiva escatologica, poiché nulla di ciò che costituisce oggi la nostra realtà, riguardo alla quale, con Luisa Muraro, si può parlare di «universale sessuato»[202], andrà perduto.

---

[200] *Il divino tra di noi,* ibidem, p. 156.

[201] Heyward C., *Al principio, è la relazione*, ibidem, p. 121.

[202] Muraro L., *Prima e dopo nella vita di una donna, nella storia delle donne*, ibidem, p. 51.

In questa prospettiva, essere donna o essere uomo, in quanto credente, non è irrilevante e le donne possono trovare in Cristo la via per un pieno riconoscimento ed una piena liberazione della loro particolare identità sessuale, integralmente segnata da quell'"imago" che è universalmente propria di ogni creatura umana.

Questo consapevole recupero della personale identità femminile, spiega anche, come si è già accennato, uno specifico interesse per Maria, evidenziando che, per Suo tramite, il cristianesimo può rivolgere alle donne un messaggio in accordo con le parole di Luce Irigaray, per la quale «Vergine e madre corrisponderebbero di fatto a un divenire di donna, a condizione di intendere queste parole in senso spirituale e non solo materiale-naturale»[203].

Il rapporto con Maria apre così la strada non solo per un'appropriazione della propria peculiare differenza, ma anche per un ripensamento della relazione tra donne, ovvero tra quei soggetti che condividono la stessa femminilità e che, al di là di pur esistenti stereotipi, possono trovare in Lei un modello che fa delle donne «le messaggere di questi tempi nuovi. Per noi sarebbe una grazia da accogliere con umiltà, ma fedelmente e fermamente»[204].

Per concludere: una parola di Rahner

Tutta la presente ricerca ha preso avvio dalla considerazione del pensiero di Karl Rahner ed ora, conclusivamente, si vuole tornare a questo Autore che, sul tema della differenza e dell'identità femminile in relazione alla fede cristiana, ha detto, già nel lontano 1964 prima

---

[203] IRIGARAY L., *La redenzione della donna*, ibidem, p. 131.
[204] Ibidem, p. 145.

della conclusione del Concilio, parole estremamente significative ad ancora oggi pienamente attuali[205].

Ciò che si intende qui fare non è tanto un commento
al testo di Rahner, quanto, piuttosto, il lasciare spazio
alle sue affermazioni raggruppate intorno a tre nuclei che
sono centrali nel momento in cui una riflessione filosofica che assume la rivelazione cristiana come suo presupposto si volge ad indagare la fede vissuta dalle donne.

In primo luogo, Rahner opera un'attenta considerazione e, nello stesso tempo, una chiara distinzione del
piano metafisico e di quello storico concreto, evidenziando sia l'uguaglianza dei sessi che quello che è proprio di ciascuno di essi. «La Chiesa è realizzata nella vita
dei suoi membri nei rapporti sociali più svariati. Esiste
certo la perenne natura metafisica dell'uomo in quanto
uomo e donna. Quest'unica essenza però esiste solamente nella concretezza e nell'espressione storicamente
condizionata, cui corrisponde un pluralismo legittimo
esistente nella Chiesa. *La donna*, vista come unica e
sempre uguale, sulla cui posizione nella Chiesa si potrebbe indagare, in fondo non esiste.

Il discorso andrebbe per le lunghe se si volessero
elencare qui simili possibilità. Esse però esistono, e la
Chiesa di oggi, come la società profana, deve imparare a
liberarsi un po' alla volta dal pregiudizio che i detentori
di tali possibilità e compiti siano propriamente e in prima
linea soltanto gli uomini. La società che nel mondo ha

---

[205] RAHNER K., *La donna nella nuova situazione della Chiesa*,
in «Nuovi Saggi II», Roma 1968, pp. 445-465. Cfr.: SALATIELLO
G., *Karl Rahner e la donna nella nuova situazione della Chiesa*,
in *La differenza sessuale. Un itinerario di riflessione*, Ariccia
(RM) 2014, pp. 59-71.

più dimensioni e che distribuisce il lavoro e la Chiesa devono affrontare una sterminata pluralità di compiti, che sono indifferenti di fronte alla distinzione del sesso, che possono quindi essere svolti egualmente bene dall'uomo e dalla donna. Naturalmente nell'esecuzione l'uomo e la donna porteranno la loro rispettiva peculiarità, il che però non è che un bene in vista del compimento esatto e completo di questi doveri, per i quali la distinzione del sesso non conta. Quando la Chiesa parla della posizione e dell'impegno del laico nella Chiesa e nel mondo deve pensare nello stesso modo all'uomo come alla donna, e non soltanto con un riconoscimento a fior di labbra»[206].

Immediatamente dopo, l'attenzione si volge al concreto vissuto ecclesiale e Rahner sottolinea con forza l'autonoma soggettività delle donne nel loro essere pienamente inserite nella Chiesa: «*Il compito della donna nel mondo e nella società*, che le spetta *come compito mondano e contemporaneamente come un impegno cristiano*, comporta che lo svolgimento teorico e normativo di esso oggi sia affidato nella massima parte alla donna stessa. E non può essere affatto diversamente; il fenomeno è fondato nella natura delle cose e della situazione odierna, che trasforma la differenza ontologica tra l'universale e il concreto in una distanza di volta in volta esperimentata in modo sempre più chiaro».

«La Chiesa, oltre che questa sua predicazione ufficiale e astratta, ha da offrire qualcosa d'altro, cioè lo schema completo, il programma pratico per la vita della donna nell'epoca odierna.

---

[206] Rahner K., *La donna nella nuova situazione della Chiesa*, cit., pp. 445-446 e pp. 453-454.

Tuttavia la Chiesa, che può e deve offrire questo, non è la Chiesa istituzionale come tale, ma la Chiesa composta dalle donne stesse. Illuminate dal messaggio evangelico e sorrette dall'azione dello Spirito, le donne possono scoprire e presentare la forma di vita concreta valida per oggi e che va oltre le norme di principio sempre valide del cristianesimo. Tale compito peculiare, che non può esser loro tolto dalla Chiesa ufficiale, dovrà sempre essere eseguito sotto il controllo stimolante e critico della Chiesa giurisdizionale, però è e rimane un dovere della donna stessa e mai direttamente del ministero ecclesiastico».

«Probabilmente per questo compito a lei affidato non esiste una soluzione unica, valida per tutte, anzi questo non c'è neppure da augurarselo. *Ci dovranno essere molti schemi, programmi pratici e forme diverse per la vita della donna di oggi nel mondo»*[207].

L'ultimo, particolarmente interessante rilievo, riguarda la natura stessa della fede delle donne, implicante anche una solida preparazione teologica ed una stretta relazione tra di loro: «Quantunque sia compito inderogabile della donna cristiana scoprire nel tempo e proporre nella vita lo schema concreto ed efficace delle attività femminili, tale compito creativo, proprio perché è per lei personale e nuovo, può essere da lei assolto solo se ella, come cristiana matura, si alimenta al centro della realtà cristiana. Il suo compito consiste in un discernimento degli spiriti, cioè nell'accettazione amorosa di ciò che il Signore della storia fa succedere nella realtà del nostro tempo, e, contemporaneamente, nel saper sceverare ciò che in essa è errore e colpa. Questo contempo-

---

[207] Ibidem, p. 458, p. 459 e p. 460.

raneo inserimento e distanziamento può però avvenire solo se la donna, a cui questo compito è rimesso inderogabilmente, si alimenta veramente della grazia di Dio e della verità del Vangelo».

«A questo scopo nel laico, e quindi anche nella donna, si richiede una *conoscenza teologica più profonda,* un contatto molto più diretto e vitale con la Scrittura, un saper prendere le decisioni morali in modo più autonomo che nei tempi passati. È giustissimo, anzi inderogabile, che le donne si comunichino anche reciprocamente una tale conoscenza approfondita della dottrina cristiana e anche una mistagogia nell'esperienza originaria cristiana. Infatti in questo caso non si tratta direttamente di una mera comunicazione di cose astratte di fede e di morale, ma della comunicazione di una conoscenza religiosa già improntata esistenzialmente e assimilabile immediatamente che per la donna deve esser quindi improntata secondo il carattere femminile».

«Ella deve imparare che la fede di oggi deve essere una fede travagliata, una fede che va sempre continuamente conquistata e che tuttavia non contraddice alla sua vera natura e alla stabilità della fede. La donna deve imparare per sé e per coloro che le sono affidati che la fede non è un oggetto d'antiquariato folcloristico, tramandato come un'usanza borghese, per il quale l'animo e la volontà femminile per naturalezza hanno una affinità e propensione speciale, bensì che la fede è l'atto della decisione più originaria e sempre unica»[208].

Le parole di Rahner non sono state riportate per sovrapporre alla voce delle donne quella di un uomo, ma con l'obiettivo di trarne una serie di stimoli e suggestioni

---

[208] Ibidem, pp. 461-462, pp. 462-463 e p. 463.

che solo le prime possono poi elaborare in vista di una sempre più stretta coniugazione tra l'unità della fede condivisa e la forma peculiare con la quale tale fede è vissuta da donne ed uomini.

Sintesi e prospettive

Giunti al termine dell'intero percorso, risultano opportune due ulteriori, rapide considerazioni.

In primo luogo, si ripercorrerà sinteticamente tutta la trattazione per evidenziare il filo conduttore che la giustifica e le conferisce significato.

In seconda istanza, poi, si cercherà di enucleare le prospettive che, a partire dai risultati conseguiti, dischiudono nuove piste di ricerca.

Una sintesi

Come indicato nell'introduzione, l'ultimo obiettivo dell'indagine effettuata è quello di mostrare la possibilità di una filosofia cristiana della religione, assumendo come imprescindibile riferimento il pensiero filosofico e teologico di Karl Rahner, ed individuando gli ambiti che si aprono dalla sua riflessione.

La prima parte, pertanto, ha analizzato i più rilevanti testi di Rahner sulla problematica in questione, iniziando dal rapporto tra filosofia e teologia, per poi volgere l'attenzione ai due termini che sono implicati in quella relazione che è la religione, ovvero il soggetto e Dio.

L'attenzione si è, quindi, portata sul "luogo" in cui tale relazione si instaura e, di conseguenza, si sono sottolineate, da una parte, l'apertura trascendentale e, dall'altra, il concreto ed ineliminabile inserimento storico dell'essere umano.

La storia, in tal modo, si è rivelata come l'unico terreno sul quale la rivelazione di Dio possa risultare umanamente accessibile e la persona di Gesù Cristo è apparsa nella sua realtà di manifestazione storica di Dio, irriducibile alla molteplicità delle religioni positive che pure costituiscono l'espressione della capacità di trascendimento e recano in sé l'impronta della grazia divina.

La costitutiva storicità umana, infine, ha reso ragione del perché la salvezza possa e debba essere cercata volgendosi ad un evento del passato, cioè l'incarnazione, morte e risurrezione di Gesù Cristo.

La seconda parte, assumendo i risultati emersi dalla considerazione di Rahner, ha mirato, innanzi tutto, a fornire una giustificazione teoretica della filosofia cristiana della religione, distinguendo, nel procedimento filosofico, tra i suoi fondamenti ed i suoi presupposti e mostrando come questi ultimi, non siano di necessità razionalmente posti.

Su queste premesse ed operando una chiara distinzione tra la filosofia cristiana della religione e la teologia filosofica, sono stati individuati i fondamentali nuclei concettuali del discorso filosofico sulla religione, sottolineandone la peculiarità e, la connessione rispetto alla teologia rivelata.

La filosofia cristiana della religione ha, così, mostrato che al suo interno sussiste una originale tensione tra il particolare che è il suo presupposto, ovvero la religione cristiana, e l'universale dell'umana apertura religiosa, creando la possibilità, a partire da quel presupposto, di un approccio estremamente concreto alla molteplicità delle religioni storiche ed avvalendosi del supporto della ricerca fenomenologica riguardo a queste ultime.

Si è cercato, poi, di delineare la differenza che, nonostante l'identico presupposto, esiste tra la filosofia cristiana della religione e la teologia delle religioni, individuando, tuttavia, i punti di convergenza e l'apporto che la prima può recare alla seconda.

Inoltre, inserendo nel testo uno scritto precedente, si è ulteriormente approfondito il tema cruciale dell'esperienza religiosa, così come essa può essere indagata dall'analisi filosofica che ne coglie la struttura e la dimensione.

La terza parte, infine, ricollegandosi alla tensione, precedentemente rilevata, che nella filosofia cristiana della religione vi è tra particolare ed universale, ha portato l'attenzione sul modo in cui l'apertura religiosa, universalmente umana, si delinea secondo quell'originaria particolarità che è la differenza tra l'uomo e la donna.

Considerando che la religione cristiana è il presupposto dell'approccio filosofico che qui si propone, si è, innanzitutto, esaminato quale visione essa abbia, a partire dalle Scritture, della differenza sessuale, per poi procedere ad analizzare, nel quadro dell'esperienza religiosa, quello che in essa vi è di universale e quello che, invece, si presenta con i tratti della particolarità.

Da qui si è dischiusa la possibilità di enucleare sul piano teorico, gli aspetti peculiari che l'esperienza religiosa esibisce quando le donne ne sono il soggetto, con la consapevolezza, però, che il passo immediatamente successivo doveva essere quello di dar voce alle donne medesime come testimoni di quello che esse sperimentano nel rapporto con l'Assoluto.

È emersa una ampia consonanza tra la proposta della fede cristiana e l'esperienza specificamente femminile nella quale è centrale la dimensione relazionale in tutte le sue articolazioni.

Concludendo questa terza parte, che costituisce un significativo apporto che può essere fornito dalla filosofia cristiana della religione, si è tornati a Karl Rahner per esporre, in larga misura attraverso le sue stesse parole, la visione che egli ha della differenza sessuale, della posizione delle donne nella Chiesa e del carattere della fede vissuta al femminile.

Prospettive

La sintesi ora delineata non intende tanto configurarsi come una conclusione, quanto, piuttosto come un sussidio per individuare, a partire dalle riflessioni svolte, nuove direzioni per una ricerca filosofica che assuma la fede cristiana come suo presupposto.

In primo luogo, è evidente che il pensiero di Rahner può essere ulteriormente indagato per approfondire la sua concezione della relazione, sul piano teologico e su quello storico, tra il cristianesimo e le religioni, traendo da qui stimoli e suggestioni che oggi sono anche più significativi di quando l'Autore scriveva.

In seconda istanza, poi, è necessario tornare alle affermazioni conclusive del secondo capitolo della seconda parte, che prospettano la possibilità di un fecondo rapporto interdisciplinare tra la filosofia cristiana della religione, nella sua peculiarità che è emersa lungo tutta quella sezione, la fenomenologia della religione e la teologia delle religioni.

Se è vero che la filosofia della religione, pur nella sua autonomia e irriducibilità, si colloca, però, al punto di incontro delle indagini fenomenologiche con la riflessione teologica, ciò vale a maggior ragione per quella filosofia che presuppone alla sua analisi l'evento della rivelazione di Dio in Gesù Cristo incarnato, morto e risorto.

In questo modo, la filosofia, oltre ad assolvere il suo compito proprio che è quello della conoscenza, potrebbe recare un valido contributo ad un incontro interreligioso rispettoso delle diverse identità, ma aperto al confronto che, per il cristiano, implica sempre l'adesione alla propria fede, accolta e proclamata.

L'ultima prospettiva che si intende accennare è quella concernente tutto il vasto ambito di indagine che si dischiude quando, a partire dalla fede cristiana, si vogliono considerare l'umana apertura religiosa ed il vissuto della fede cristiana nelle peculiarità che presentano in base alla differente appartenenza sessuale, con una specifica attenzione alle donne. Si tratta di un lavoro estremamente rilevante che, se adeguatamente sviluppato, andrebbe a colmare il vuoto che, in larga misura, ancora esiste tra le approfondite ricerche teologiche sul tema e le rilevazioni empiriche sul piano storico-culturale.

Bibliografia

AaVv, *Fare filosofia cristiana oggi*, numero monografico di *Per la filosofia. Filosofia e insegnamento*, 15 (1989), pp. 1-83.

Aguti A., *Filosofia della religione*, Brescia 2013.

Ales Bello A., Messinese L., Molinaro A. (edd.), *Fondamento e fondamentalismi*, Roma 2006.

Balthasar H. U. von, *Teologia della storia*, Brescia 1964.

Bellusci G., *L'universale concretum, categoria fondamentale della Rivelazione a partire dall'analisi del ciclo natalizio*, Roma 2006.

Capelle-Dumont P., *Filosofia e teologia nel pensiero di Martin Heidegger*, Brescia 2011.

Cavarero A., *Per una teoria della differenza sessuale*, in AAVV, *Diotima. Il pensiero della differenza sessuale*, Milano 1987, pp. 43-79.

Congregazione per la Dottrina della Fede, Dichiarazione *Dominus Jesus, Documenti e studi,* 2002.

Coreth E., *Antropologia filosofica*, Brescia 1998.

De Finance J., *A tu per tu con l'altro. Saggio sull'alterità*, Roma 2004.

Dhavamony M., *Teologia delle religioni. Riflessione sistematica per una comprensione cristiana delle religioni*, Cinisello Balsamo (Mi) 1997.

Fabris A., *Filosofia delle religioni*, Roma 2012.

Fumagalli A., *La questione gender. Una sfida antropologica*, Brescia 2015.

Giovanni Paolo II, Lettera enciclica *Fides et ratio*, 1998, N. 76.

Heyward C., *Al principio è la relazione*, in Irigaray L. (a cura di), *Il respiro delle donne*, Milano 1997, pp. 117-126.

Irigaray L. (a cura di), *Il respiro delle donne*, Milano 1997.

_____, *La redenzione delle donne*, in Irigaray L. (a cura di), *Il respiro delle donne*, Milano 1997, pp. 129-145.

Kasper W., *Gesù il Cristo*, Brescia 1989.

Lotz J. B., *Esperienza trascendentale*, Milano 1993.

Magnani G., *Filosofia della religione*, Roma 1982.

_____, *Storia comparata delle religioni. Principi fenomenologici*, Assisi 1999.

Molinaro A., *Metafisica e filosofia della religione*, in Id., *Frammenti di una metafisica*, Roma 2000, pp. 271-285.

Muraro L., *"Prima e dopo nella vita di una donna, nella storia delle donne"*, in Irigaray L. (a cura di), *Il respiro delle donne*, Milano 1997, pp. 45-53.

Naro M., (ed.), *La* teologia *delle religioni oltre l'istanza apologetica*, Roma 2013.

Patsch F., *Metafisica e religioni:strutturazioni proficue. Una teologia delle religioni sulla base dell'ermeneutica di Karl Rahner*, Roma 2011.

Pellettier A. M., *Il cristianesimo e le donne*, Milano 2001.

Porcile Santiso M. T., *La donna spazio di salvezza. Missione della donna nella Chiesa, una prospettiva antropologica*, Bologna 1996. respiro delle donne

_____, *Ricerca di un'identità femminile*, in Irigaray L. (a cura di), *Il respiro delle donne,* Milano 1997, pp. 75-81.

RAHNER K., *Filosofia e teologia*, in ID., "Nuovi saggi I", Roma 1968, pp. 137-152.

_____, *La donna nella nuova situazione della Chiesa*, in ID.,"Nuovi Saggi II", Roma 1968, pp. 445-465.

_____, *Cristianesimo e religioni non cristiane*, in ID., "Saggi di antropologia soprannaturale", 1969, pp. 533-571.

_____, *Filosofia e procedimento filosofico in teologia*, in ID. "Nuovi saggi III" 1969, pp. 73-97.

_____, *Storia del mondo e storia della salvezza*, in ID., "Saggi di antropologia soprannaturale", Roma 1969, pp. 497-532.

_____, *Riflessioni sul metodo della teologia*, in ID., "Nuovi saggi IV", Roma 1973, pp. 99-159.

_____, *Esperienza di se stessi ed esperienza di Dio*, in ID., "Nuovi saggi V", Roma 1975, pp. 175-189.

_____, *Sul rapporto odierno tra filosofia e teologia*, in ID., "Nuovi saggi" V, 1975, pp. 95-118.

_____, Esperienza dello Spirito Santo, *in ID., "Dio e Rivelazione. Nuovi saggi VII"*, Roma 1981, pp. 277-308.

_____, *Uditori della parola*, Torino 1988.

_____, *Spirito nel mondo*, Milano 1989.

_____, *Corso fondamentale sulla fede. Introduzione al concetto di cristianesimo*, Cinisello Balsamo (Mi) 1990.

_____, *Teologia del simbolo*, in ID., *Teologia del Cuore di Cristo*, Roma 2003, pp. 171-201.

SALATIELLO G., *L'esperienza e la grazia. L'esperienza religiosa tra filosofia e teologia*, Napoli 2008.

_____, *Esperienza religiosa e indagine filosofica*, in SPIRIS S.-VALENTINI T. (a cura di), *Allargare gli orizzonti della razionalità. Prospettive per la filosofia*, Roma 2010, pp. 291-297.

SALATIELLO G., "L'esperienza cristiana e la donna", in www.laici.va, sezione donna, tema del mese, gennaio-febbraio 2012.

_____, *Metodo trascendentale e svolta antropologica*, in ID. (ed.), *Karl Rahner. Percorsi di ricerca*, Roma 2012, pp. 45-83.

_____, *Dire Dio: il linguaggio femminile*, in ID., *La differenza sessuale. Un itinerario di riflessione*, Ariccia (RM) 2014, pp. 91-98.

_____, *Karl Rahner e la donna nella nuova situazione della Chiesa*, in ID.,"La differenza sessuale. Un itinerario di riflessione", Ariccia (RM) 2014, pp. 59-71.

_____, *La differenza di genere tra universale e particolare*, in CALTAGIRONE C. – MILITELLO C., *L'identità di genere. Pensare la differenza tra scienze, filosofia e teologia*, Bologna 2015, pp. 69-76.

TOMMASO D'AQUINO, *Quaestiones disputatae de veritate*.

_____, *Summa Theologiae*.

VEGETTI FINZI S., *Chiara: una donna nuova*, in IRIGARAY L. (a cura di), *Il respiro delle donne*, Milano 1997, pp. 31-42.

WELTE B., *Dal nulla al mistero assoluto*, Genova-Milano 1985.

ZARRI A., *Una teologa della vita*, in IRIGARAY L. (a cura di), *Il respiro delle donne*, Milano 1997, pp. 91-101.

ZORZI B. S., *Al di là del "genio femminile". Donne e genere nella storia della teologia cristiana*, Roma 2014.

INDICE

PREFAZIONE   5

INTRODUZIONE   11

PARTE PRIMA   17

- CAPITOLO 1
FILOSOFIA E TEOLOGIA   19

    - Corso fondamentale sulla fede   21
    - Natura e grazia   23
    - Essenza del rapporto   24
    - Storia del rapporto   27
    - La filosofia nella teologia   29
    - Filosofia della religione e teologia   30

- CAPITOLO 2
I DUE TERMINI DEL RAPPORTO   35

    - Il soggetto   37
    - Dio   49

- CAPITOLO 3
IL "LUOGO"   55

    - Esperienza trascendentale e storia   56
    - Rivelazione trascendentale e rivelazione storica   60
    - La storia delle religioni   63
    - Gesù Cristo: Dio nella storia   66
    - Per concludere: il singolo e la rivelazione storica   68

PARTE SECONDA   71

- CAPITOLO 1
RIPENSARE LA FILOSOFIA DELLA RELIGIONE   73

    - I presupposti del discorso filosofico   73
    - Religione cristiana della e filosofia della religione   78
    - Filosofia cristiana della religione e teologia filosofica   81

- I nuclei della filosofia della religione   85
- Filosofia cristiana della religione e teologia   92

- CAPITOLO 2
  IL CRISTIANESIMO E LE RELIGIONI   95

  - Filosofia della religione e filosofia cristiana
    della/e religione/i   95
  - Filosofia cristiana e fenomenologia della
    religione   98
  - Filosofia cristiana della religione e teologia
    delle religioni   102

- APPENDICE:
  ESPERIENZA RELIGIOSA E INDAGINE FILOSOFICA   109

PARTE TERZA   119

- CAPITOLO 1
  CRISTIANESIMO E DIFFERENZA SESSUALE   121

  - Filosofia cristiana della religione: particolare
    e universale   121
  - Approccio cristiano alla differenza sessuale   124
  - Universalità e particolarità dell'esperienza
    religiosa   130
  - L'esperienza religiosa delle donne   133

- CAPITOLO 2
  LA FEDE DELLE DONNE   139

  - La voce delle donne   139
  - La fede cristiana e le donne   144
  - Per concludere: una parola di Rahner   147

SINTESI E PROSPETTIVE   153
  - Una sintesi   153
  - Prospettive   156

BIBLIOGRAFIA   159